聖母意識

~女神の時代の懐かしい生き方~

著者
姫乃宮 亜美

プロローグ　～いのちの中の懐かしい記憶へ愛をこめて

あたたかい愛を感じると、私たちは幸せな気持ちで胸がいっぱいになって、思わず涙があふれることがあります。

どうして泣いているのか説明できないけれど、深いところから生まれる安堵感に、綺麗な涙がこみ上げるのです。

感動するもの、あたたかいもの、濁りのない純粋な愛を感じるものに出会う時、なぜ私たちのハートからは、あんなにも熱いものがこみ上げるのでしょうか。

それはきっと、私たちの中にもともとあった、懐かしい愛の光との、幸せな再会でもあるからなのでしょう。

ある日、私の人生に、その後の生き方を大きく変える不思議な体験が運ばれてきました。

後に私が「聖なる母性・聖母意識」と呼ぶことになる、優しい女神意識とのチャネル（霊的同調）が開き始めたのです。

聖母とのチャネルは、あたたかい愛の感覚をたずさえて、いのちの奥から優しい意思が湧き、それは優しい声となり、メッセージを告げてきました。

その声はいつも、あたたかい愛の時代の到来を告げ、その愛の時代を私たちが生きていくためには、私たちが理解し取り戻さなければならない、あたたかい世界の見方があることを、優しく教えてくれました。

それは、春の日差しのような優しい真理の世界で、歩むたびに人生に愛と幸福が回復する優しい道でもありました。

「聖母」という言葉には、不思議な懐かしさとぬくもりがあります。

聖母波動。その優しさに触れると、そしてそのあたたかさに触れると、私たちのいのちは、感動して反応し、美しいしずくで応えるように、涙があふれることがあります。それはきっと、言葉などいらない、いのちが故郷に触れた時の、自然な感動なのでしょう。

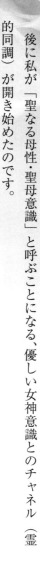

地球は今、大きな変化の時を迎えています。

惑星の次元上昇という変わりゆく時代の中で、変わらぬぬくもりをお届けできますよう、聖なる母性が告げる愛の世界を、光のガイダンスとして言葉の花束にしてみました。

この本のメッセージは、これから生まれてくる新たな時代の誕生に貢献するべく、あなたの中の優しい光に、愛を込めて捧げられたものです。あなたの中の懐かしい場所に、あかりを灯すことができましたら幸せです。

懐かしい愛と幸運をこめて

姫乃宮 亜美

第二章

日常から聖母の宇宙へ

第三章　懐かしい自分への還り方

第四章　宇宙時代の新しい当たり前

第五章　宇宙的な自分の愛し方

第一章

宇宙の優しさとの出逢い

懐かしいあたたかさとの出逢い

『それは自分の宇宙意識との出逢いでした』

一九八六年、六月。

その頃私は、それまでの人生ではあまり感じたことのなかった、不思議な感覚を体験していました。体中の細胞がサイダーの泡のように湧き立つようで、言葉ではうまく説明できませんが、それは不思議な予感を私に感じさせていました。


とても美しくあたたかい何か・・・。

類いまれなほど、優しげな何かが、美しい予感とともに近づいてくる・・・。

それはとてつもなく幸せで、あたたかい出来事がもうすぐ始まるという予感でした。

それが何をあらわすのか、どこから来るのか、まったく説明はできませんでしたが、優しく優しく夜が明けてゆくように、私の内側を光で満たしてゆきました。

「この美しい予感はいったいなんだろう？

この例えようもないときめきと、こみあげてくる深い安らぎはなんだろう？」

その内的経験は、なんとも言えない優しげな感覚を伴い、なんだか幸せな気持ちを私に感じさえてくれました。


幸せで、あたたかい・・・。


その不思議な予感と感覚は、やがてひとつの直感のように、心に湧き立ちました。

「時が来た」

心に湧いたその言葉は、それこそサイダーの泡が湧いては消えてゆくように、繰り返し繰り返し現れては消え、よりスピードを増してリアルになっていきました。


時とは何のことなのか、いったい何が起こっているのかわからないという状況は、私を戸惑わせるのに充分でした。

けれど、ふれてくるその感覚はとてもあたたかくて優しげで、いつしか私はその美しい感覚を自然なものとして受け入れていました。

すると、その感覚はさらに加速してリアルになっていき、私はふと自分の内側に打ち寄せてくる優しさと共鳴しあっている部分があることに気がついていきました。

そしてある日、その感覚がひときわ強くなった日に、うちなる共鳴の場所から、ひとつの光が生まれ始めたのです。

光は、白く、濃く、さらに濃く、鮮やかになり、広がっていきました。

それに伴って、私の意識も拡大していきました。光は加速して広がり続けると、中心に到達したと感じるところで、突然、視界が広がったように感じ、目が覚めたような気持ちと共に、鮮やかな爽やかさを覚えたのです。

それは芯から愛が溢れる、深い安らぎの海のようでした。そこにはすべてが満ちていました。

キラキラと煌めく海原のように、大生命の流れと、あらゆる生命たちの流れとが、自分のいのちと溶け合って広がり、ひとつになって響き渡っていたのです。

それはまるで、ずっと閉じていた幕がようやく開かれ、この世のすべてが安心の光に包まれて見通せるようになったかのようで、私は深い感動と安堵感の中で幸せな涙を流していました。

次の瞬間、それまで内側をうるおすように満ちていたエネルギーが、すうっと集中すると、それは美しい声となって響いてきました。

『こんにちは』

あたたかく、神聖な雰囲気を漂わせながら、その声は「わたし」自身の内側に、直接響き渡るように伝わってきました。

『こんにちは、この日を楽しみに待っておりました。
今、地球中の多くの方が愛を見失い、苦しんでいます。
これから、地球上の多くの人が愛を取り戻していくためのお手伝いを、
一緒にしていただけますか？
あなたは生まれる前に、この時期がきたら、私と手をつなぎ、
愛のエネルギーの通路となって、
お手伝いをしてくださることを約束していました。
今、あなたの「時」がきましたが、
生まれる前の約束通り、引き受けてくださいますか？』

それは、けっして命令ではなく、あたたかい思いやりに満ちた協調の言葉でした。

私の心を優しく包みこんでくれる、やわらかさで満ちていました。

不思議なことに、そのような経験は初めてであったにも関わらず、私はその存在を昔から知っていたかのように、すでに心の深いところがなぜか当たり前に受け入れていました。

だから私は、懐かしい涙とともに、「はい」と自然に応えていたのです。

その時、はっきりとしたビジョンが観えました。

それは宇宙の記憶とも言えるもので、青く美しい地球を見下ろしながら、自分を包み込む大いなる宇宙の母なるエネルギーに向かって、私はこう告げていました。

「おかあさん、私はこれからあの星に愛のエネルギーを伝えに行ってきます」

深い慈しみの中で、約束したいのちの記憶。その約束を思い出した日を記念日として、私は「魂の誕生日」と名づけました。

すべての女神の奥にある共通のぬくもり

その経験以降、私は心の中にそよ風のようにそよいでくる、優しい女神の声に導かれるようになりました。質問すると、自然に答えが心の中に見えてきたり、中心からふわりと言葉が湧いてくるようになっていたのです。

心の中に湧いてくる「声」には、様々なトーンがありましたが、中には特に親しみを感じさせる優しい声がありました。

それは初めて私の心の中に響き渡った、あのあたたかい光の声と同じもので、それはなんと優美華麗な観音様の声だったのです。

最初の接触（ふれあい）から、私が怖がらないように、また理解しやすいようにと、一歩一歩必要なことに導いてくださったのは、どこまでもあたたかくて優しい白衣観音様でした。

その優しさに馴染んでいると、やがてその観音様の美しいヴェールに重なるようにして、自然に現れて道を示してくださるようになった、もうひとつの麗しい存在がありました。それが聖母マリア様でした。

自分のスピリチュアリティに心を開いた魂の誕生日以来、私への霊的ご指導は、いつもこのふたつの女神の光がひとつに溶け合ったお姿でもたらされました。

最初の頃の私は、それがとても不思議でなりませんでした。

なぜなら当時の私は、まだまだ分離意識がとても強くて、お名前や国やビジュアルの違う神様は、それぞれ別の女神様だと思っていたからです。

「観音様は観音様でしかなく、マリア様はマリア様でしかない」と思っていたので、「同時に現れるということは、天界で仲良しの神様なのかしら?」などと思っていたのです。

しかし導かれていくうちに、私は大切なことに気がついていきました。

顕れた時にふたつに見えるその女神の光は、実は同じひとつの光だったと私は知ってゆくのです。この気づきは、その後の私の意識をさらに大きく開いていくことになりました。

さらに理解を深めてゆくと、観音様やマリア様だけでなく、折にふれて、日本の女神としての「姫神様」方や世界中のあらゆる女神様が、私の霊的理解に寄り添ってくださるようになっていきました。

そして、そんな目覚めの浅い私でも、様々な女神様に深く同調するうちに、だんだん気

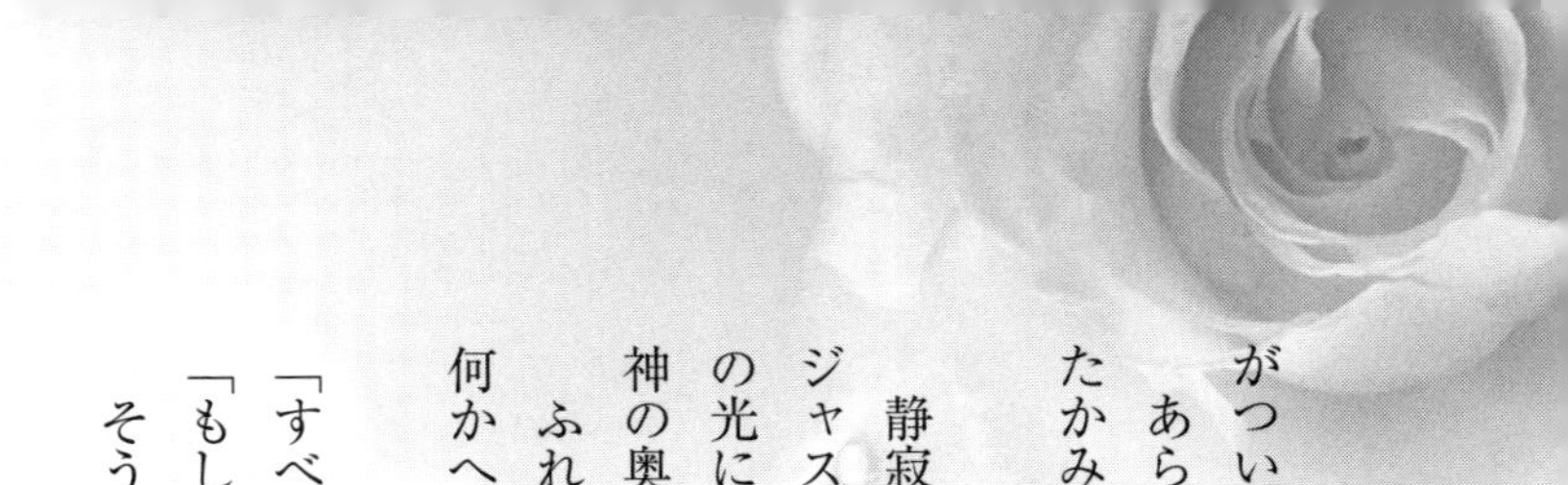

がついていきました。

あらゆる女神たちの特色は様々でしたが、どの女神の奥にも必ず、共通したあの「あたたかみ」があったのです。

静寂が特徴的な女神、パワフルでエネルギッシュな女神、愛に溢れた女神、美しくゴージャスな女神、明るく楽しい女神など、表面に現れている特徴は様々でしたが、それぞれの光に触れると、何だか懐かしさを伴う深くて偉大な慈しみのようなものが、すべての女神の奥根に流れていると感じられたのです。

ふれあう内に感じるすべての女神たちの奥に広がっている、その共通の深くあたたかい何かへの気づきは、私の内側に自然な疑問を呼び覚ましました。

「すべての女神たちに流れている、この共通のぬくもりはなんだろう？」と。

「もしかして、すべての女神はつながっているのかしら？　ひとつなのかしら？」

そう思うと、なんだか心が輝くような気がしました。

その気づきは、「その通り」だと胸の奥が頷いているかのようでした。すべての女神は皆、ひとつの偉大な女神意識の別な側面であったと、私は気づいていきました。

例えば、一柱の女神様のご存在の奥をずっとたどっていきますと、そこにあるのは、すべてを包み込めるほど、大きくて深い巨大な愛の宇宙意識でした。すべては、ひとつの美しい光の響きそのものに溶けていくのです。神様の奥は、そのすべての光の響きそのものなのです。そして、その光には、あたたかい共通の源泉がありました。

女神たちの起源・聖母意識

大宇宙には、あらゆるものを生み出す偉大な創造の源があります。

宇宙の星々も、私たちのいのちも、ありとあらゆる存在がみな、大宇宙の創造主という、あたたかいひとつの源から生まれてくるのですね。

宇宙の「生み出す」という神聖な力は、母なる力であり、聖なる女性性、女神の力です。天の母性、宇宙の母性なのです。

先にお話したように、この地上には、本当にたくさんの女神様がおられます。日本中にも世界中にも、たくさんの女神様の名前があり、お姿がありますね。

私たちの物質次元では、大勢の女神様がいらっしゃるように見えます。でも本当は、あらゆる女神たちは、大元のひとつの偉大な女神意識の、別な側面を顕しているのです。

つまり、源は「ひとつ」であり、そのひとつの大きな愛が分光して、あらゆる「働き」を生み出しているのです。そのひとつひとつの働きを、私たちは「女神たち」として認識するのですね。

今日私たちが目にしている女神たちは、すべてこの根源のひとつの母なるエネルギーの、異なる側面のお働きを具現化した〝化身〟としてのお姿なのです。

「聖母」というと、おそらく多くの方がやはりイエス様のお母様である、あのマリア様を最初に思い浮かべると思います。優しきマリア様は、聖母意識を起源として降りてきた美しき女神の代表といえるでしょう。

しかし実は、マリア様以前にも、同じ起源から分光して降りてきた聖母界の女神たちが、この地球にはたくさんおられたのです。

「ひとつ」である大宇宙の女神がもつ、言葉にできないほど　麗しく美しい「美」の表現は、「美」の女神として私たちの世界に顕れ、アフロディーテ、吉祥天、ラクシュミーなど、美を司る名前とお姿でその存在を顕しています。

「ひとつ」なるものの女神の慈愛は、宇宙の母性を象徴する女神たちとして顕れ、イシス、マリア、観音、ヘラと呼ばれ、そして実は私たちにはなじみのある、あのお地蔵様も本当は聖母意識で、母なる女神の化身として顕れています。

また、例えば神話の中のイシスではなく、母なる宇宙意識としての「イシス」といわれるご存在は、地母神的な光が強く、あらゆる女神の集合体としての宇宙的な聖母のお姿を、地球の歴史の中に黙示しています。

そして、地球という惑星自体も、生命をもっており、母なる星と言われるように「聖母」の質をもっています。

例えば、地球から出土する歴史の遺物の中に見る神のお姿は、古いものほど女神であることが多いそうです。名前はなく、顔さえなくとも、女神のボディを示す型や、出産を体現した女神、子供を優しく抱く女神など、「母」としていのちを守り育て、祈りを受け止めてくれる女神が、古い時代ほど出土しているのですね。

地球の歴史を振り返ると、そこには聖なる女性性や、母なるものをとても大切にしてきた、地球の歴史の埋もれてしまった優しさに出会います。地球の歴史の中のあらゆる時代、あらゆる地域、あらゆる人々の中には、いつの時も「母なる女神」と呼ばれる存在がおられたのです。

母性や神秘性、豊穣、愛や美のシンボルと呼ばれるような女神たちが、私たちの霊性を、優しく抱き、あたたかい生き方を示してくれていました。

それぞれの女神たちは、ひとつの偉大な宇宙の女神意識の、それぞれ別な角度の側面を現しているということ。つまり聖母意識は、神様のもつ聖なる女性性のエネルギーであり、すべての女神たちの集合体としての本質、源泉の宇宙意識なのです。

私はよく、この宇宙の母性を、親しみをこめて、「聖母」「聖母様」と表現させていただくことがありますが、それはひとつの特別な女神をお呼びしているのではなく、女神たちの集合体としての、宇宙の聖母意識のことをそうお呼びしています。

聖母の存在の真実があたたかく心に広がると、かけがえのない優しさが、私たちの日常に見つかるようになるでしょう。

私たちの暮らしは、天の優しさとかけ離れてはいないのです。

聖母意識・聖なる母性とは

このように聖母意識とは、波動を分光し、たくさんの女神の姿として私たちを導くために姿を顕すことがあります。けれども本来は、魂のふるさとの宇宙から届く、普遍的な愛のエネルギーの表現そのものです。

普遍的ですから、本来はすべてに通い、満ちている優しい愛のエネルギーそのものです。私たちの中にも、かわいい花にも、物質の中にも、あらゆるものの中にあまねくいき渡っている、あたたかな愛のエネルギーです。

優しい、やわらかい、心地いい、愛を感じてあたたかい、ほっとする。そして、麗しく、美しいエネルギー。あらゆるいのちを活かし、包み、抱く、大きな包容力・・・。それらはすべて聖母波動です。

そして、何より私たちが誰かを心から愛した時、大切に思った時に心に通ってくるぬくもり。新しいいのちが誕生した時や、愛する人を天国に送るとき、言葉にならず、愛おしくて涙がとまらない時などに、私たちの中に湧き上がる、あのかけがえのないあたたかなエネルギーを「聖なる母性」というのです。

どんな方に対しても、傷んだ心に人知れずそっと寄り添って、愛してくれる世界があります。幸せへと導いてくれる、いのちの世界の優しさがあります。私たちのいのちには、あたたかいふるさとがあって、その優しい場所から私たちは生まれ、この現実を生きているのです。

あらゆるいのちを送り出してくれた宇宙の母なる愛のエネルギーは、存在するだけですべてを肯定してくれる、あたたかい愛の意識です。たとえあなたが、まだ何もできていなくても、ダメな自分を責めていても、失敗ばかりでも、不器用なままでもいいのです。

そのままのあなたで愛され、導いてくれるあたたかい愛が、宇宙にはあるのです。

人生は魂の旅であり、いのちには、優しいお母様の世界があるのですね。

私もあなたも、かわいい犬や猫や鳥も、美しい花々も鉱物も、すべてのいのちは、その母なる優しいふところから生まれ、その優しさにやがて還っていきます。

いのちには源があり、それゆえに私たちは、あたたかくつながりあい、響きあっているのです。そのいのちの世界の母性、「聖母意識」「聖なる母性」は、つねに私たちを見守り、愛を注いでくださっています。

愛することを教えてくれる母なるもの

私が初めて、聖母意識との同調を体験した時、いのちは深い安らぎを感じて、溢れる涙を抑えることができませんでした。

内側からうるおすように、こみあげるように、懐かしい自分自身を思い出したからです。

その深い優しさを体験する前は、「すべてのいのちはつながっている」というワンネスの感覚を、私はまだ知らず、自分の心の内側と外の現実は違うもの、自分ではどうにもならないものと思っていました。当たり前のように、内側と外側を分離させて生きていたのです。

現実は自分では変えられず、ただ受け入れるしかないと思っていたのです。

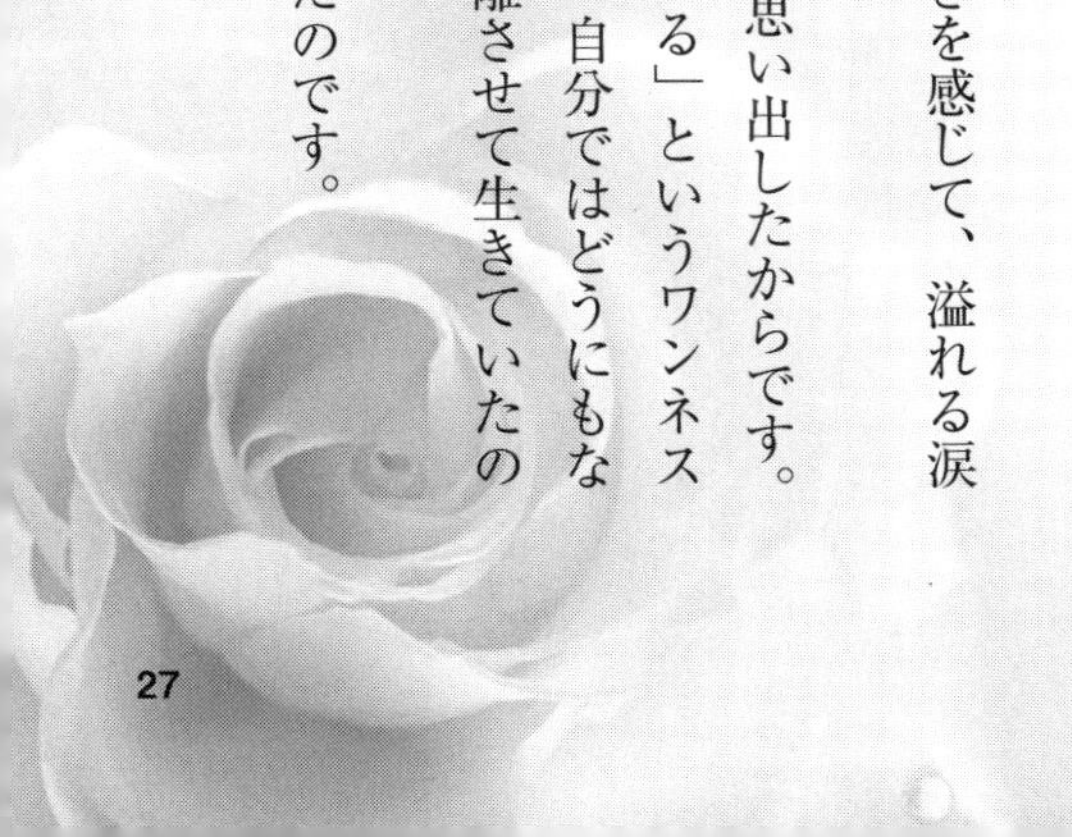

それゆえに、ねじれた一体感を必死でとりつくろって生きていました。

周りと「ひとつ」になるためには、他から認められるしかないと思い込み、周りに合わせた生き方をしていました。

自分がどうしたいかよりも、周りにどう思われるかが重要で、傷つけられないよう無意識に防御していましたし、怒られないよう嫌われないよう、いつも緊張して生きていたように思います。

もちろん、当時はその考え方が当たり前すぎて、そんな生き方に疑問さえ感じていませんでしたが、周りの人々にいいと言ってもらえるように、納得していただけるように、知らず知らず他の人の目を通して、自分を作り上げていたのです。

恐れがあるのが当たり前の世界で、私は生きていました。摩擦があるのが当たり前の世界、競争するのが当たり前の世界に、疑いもせず私は生きていました。

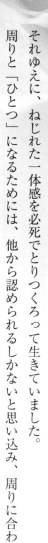

だから、傷つけられないようにいつも緊張して、自分を上手に防御することが当たり前になっていたのです。

それゆえつねに、今思いますと、細胞もキリキリするくらいに緊張していました。その生き方しか知らず、その生き方が当たり前だと思っていたので、他の生き方があるなんて思いもしなかったのです。


そこに、訪れた聖母体験でした。

私の内なる魂が、とてもやわらかくて深い宇宙の思いやりにふれたのです。そこにあったのは、無条件の深い愛でした。そのままで愛されていました。


愛されるために、頑張る必要もない。できる人である必要もないし、誰かに認められる必要もない。自分を守るために、とげをだす必要もない。

それは、心が溶けていくような安心感でした。いのちはつながっているという「ワンネス」を、言葉を越えて実際に経験したのです。

その感覚がうれしくて、懐かしくて、涙が止まりませんでした。

なんという優しさ、なんという安らぎ・・・。それが聖母の周波数でした。

そこではすべてのいのちが、つながっていて「ひとつ」に溶け合い、響きあっていたのです。

その時、あたたかい声が湧いてきました。

『長い間、忘れていましたね。
胸が心地よくなる笑い方を。
何かが優しく溶けていく泣き方を。
美しいものに素直に感謝し、あたたかさにふれて感動する・・・。
そんなみずみずしい感性こそ、本当のあなたなのです。
もう、きつい性格や冷たい態度で武装して、自分を守らなくていいんですよ。
あたたかく、優しく、やわらかいままでも、あなたは傷つかないで生きられるのです。
自分を大好きになると、世界が優しく見えてきます。
苦しみが長いなら、それだけ長い間、あなたは本当の自分を忘れていたのです』

それは、聖なる母性の愛の声でした。

もう、愛されるために力を入れて頑張る必要はないんだ。もう、かたい態度や強い態度で自分を守らなくていいんだ。

深い深いやわらかさのままで、優しさのままで、存在していても、源につながっていれば、すべてが満ちてくる。すべてが、無条件に愛される。傷つけるものは何もない。

それはもう、芯から溶けていくような、深い安心感でした。

本当は、この安らぎの方が本当の生き方だったのです。

長い間忘れていたけれど、心の深いところでは知っていた気がしました。あらゆるいのちとつながっているところから、安心して生きる優しい生き方があるということを・・・。

この本で、これからお話するメッセージは、もしかしたら初めて知ることのように思えるかもしれません。でも本当は、私たちの誰もが心の深いところで知っていて、記憶の奥で覚えているはずの、懐かしい生き方なのです。

第二章

日常から聖母の宇宙へ

あたたかい愛の真理を理解するために

一九八六年から始まった私の魂の旅は、ずいぶん遠くまで歩んできたような気がいたします。

その時々で、目の前に与えられていることに心を尽くしていただけでしたが、過ぎた年月を振り返ってみますと、目に見えない世界の導きというのは秀逸で、私は見事なまでに段階をふんで、一歩ずつ導かれていたのです。

魂の誕生日を迎えて約一〇年間は、地球特有の恐れをベースにした、制限のある硬いものの見方から、あたたかい愛の宇宙意識をベースにした、広がるやわらかい意識へと、私自身がシフトしていく時期であったように思います。

聖母意識は、宇宙にまで広がるようなあたたかい感性を、日々の暮らしの中で、当たり前に使えることが重要であり、頭で学ぶのではなく、それを暮らしに活かしていくことが大切だと繰り返し教えてくれました。

『真理は、その言葉を知って暗記するだけでなく、
それを暮らしの細部にまで活かさなければ意味がないのですよ』

そう聖母意識はメッセージしてくれたのです。

けれど、最初はそれがとても難しく、あちこちにぶつかり、心に何度も擦り傷をつくるような日々でした。何度も転び、その度にやりなおしました。穴があったら入りたいほどの恥ずかしさも経験しました。

当時は、ただ必死でしたが、今思うと、転んだ経験のすべて、擦りむいた心のすべてがどれもいとおしく、宝物のようなキラキラした真理に溢れていました。

改めて振り返ってみますと、私の歩みの初期の頃にあたる約一〇年間の学びは、私の基礎を固める上で大切な時期だったと実感します。

聖母界の導きは、とてもあたたかく優しく、愛に満ち溢れ、春の陽ざしのような優しい真理で、まるで美しい絵本を開いていくように、目の前に現れました。

小さな子供をあやすように、わかりやすく一歩一歩、道が示されました。

それは心のどこかで、私たちが知っていた懐かしくあたたかい生き方を、自ら思い出していくいのちの旅路でもあったのです。

魂の約束を忘れずに、ある日、訪れた「聖なる母性」というあたたかな母なる光との出会いは、その後の私の生き方を劇的に変えていきました。

それまでの人生による苦しい思いは気持ちよくほどけていき、魂の底からほっとしてしみじみと心に湧き続ける、幸せな気持ちを味わうことができたのです。

素直に受け入れ、「ごめんなさい」と言えた時の、すべてが溶ける、やわらかい優しい涙も知りました。

聖母意識が教えてくれた「ものの見方」と「優しい生き方」は、不思議な力を持っていました。生きる上で失っていた自分の本来のエネルギーを回復させ、気持ち良く生きることは、自分の人生の苦しみをほどき歩むほどに、幸せを味わう道でした。

この章では、そんなあたたかい生き方のベースとなる考え方を、分かち合わせていただきます。

内なる優しい光

『あなたの心のあたたかいところは、宇宙とつながっているのです』

聖母意識とのチャネルが開かれることにより、私の世界は変わりました。

出会いのその瞬間から、心の中で対話が始まっていました。聖母意識の言葉は、直接いのちの中心から響き渡ってきました。

聖母に語りかけられると、私の胸の中心からあたたかな慈しみと満ち足りた思いが、いつも噴水のように湧き上がり、なんとも言えない幸せな気持ちになりました。

ずっと昔から探していたものに、ようやく出会えたという気がしました。

聖母に語りかけられるたびに、私は愛の感覚で満たされたのです。私のいのちを包みこみ、あたためながら、内側にダイレクトに語りかけてきました。

聖母の周波数には、その人あての光の栄養がこめられていて、いのちが元気になるのです。それは「光の授乳」のようなものなのだと、のちに教わりました。

語りかけられただけで、オーラの中にあたたかい愛のエネルギーが泉のように湧くのです。

その頃、聖母意識からよく伝えられていたメッセージがありました。

『心はいつも、あたたかくしていてください。
心があたたかくなる、それはその時あなたの内側が
宇宙とつながりを取り戻した証なのです。
心の内側が宇宙と接触し、再びつながりを取り戻した時、
心はあたたかく優しくなるのです』

『わたしは答えのすべてを教えませんから、
自らの手で美しいものをつかんでいってくださいますように』

私にとって、聖母の教えは、日常生活そのものでした。いつも、絶妙なタイミングで学びが訪れました。

日常に起こっていることは、どんなささいな経験もすべて愛を学ぶための大切な「必然」だったのです。

その必然に向き合っていきながら、時に天のユーモアに笑いながら光に出会い、時に幸せな驚きに目を見張りました。

そして、時に泣きながら真理を見つけ、愛は私の心にしみてきました。

優しく、やわらかく、聖母は繰り返し、あたたかい心の大切さを教えてくれました。

それこそが、宇宙の愛が地球に流れ込む入口であると・・・。

それまでは、特に立ち止まって考えることもなかった胸の奥のあたたかみ、心が満たされる感覚に私は魅了され、一瞬一瞬を、心のぬくもりを意識しながら暮らすようになっていきました。

心があたたかくなるように考え、人生の選択は心があたたかくなる方を選んでゆく。それを意識するようになりました。

胸の奥があたたかくなると、嬉しくてとても幸せな気持ちになりました。心の奥にまるで、あたたかい泉が湧いたかのようです。その幸せな感覚が波紋のように、幾重にも私の心に広がった時、内側から優しい聖母の声が湧き上がりました。

『そのあたたかくなるものを、霊性といいます』

やわらかな優しさに満ちた内なる声の響きでした。

私ははっとして、その内側から湧く愛の響きに、内なる耳を澄ませました。

内なる領域で、聖母の優しい光の授業が始まったことに、私はときめいていました。

聖母意識は、幸せであたたかくなった私の内なるエネルギーを示しながら、微笑みを含んだ響きで続けました。

『今あなたの胸があたたかさを感じていますね。
でも不思議でしょう。
確かにあたたかさを感じているのに、
そのあたたかさは、体温計では計れないのです。
そのぬくもりがある場所を、手でふれることもできませんね。
けれど、感じることはできるでしょう。そのあたたかいものを、霊性といいます。
霊性とはあなたと宇宙との接点です。
人は皆、このあたたかい内なる場所で、誰もが直接、宇宙とつながっているのですよ。

心のあたたかさは 天との接点であり、
根源の愛のエネルギーがあなたの暮らしに流れこむ入口なのです。
心があたたかいのは、あなたが宇宙とつながっているからなのです』

一人ひとり、本当は誰をも介さずに直接、宇宙とつながっています。それがわかれば、どれだけ私たちの暮らしは変わるでしょうか。

『心があたたかくなる場所は、
あなたのために宇宙から必要なエネルギーが、流れ込んでくる場所なのです』

その時初めて、普段は何気なく感じている内なるものの偉大さ、小さく見える自分たちの心の奥には、素晴らしく広い宇宙が広がっていることを知ったのです。

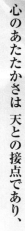

私たちの心があたたかくなると、私たちは宇宙とのつながりを取り戻していきます。

心があたたかいと、そのあたたかさを通してエネルギーが流れ込み、シンクロニシティが暮らしの中で当たり前に起きてきます。

私たちの心の中であたたかさが回復すると、その「糸」をつたって 宇宙エネルギーが豊かに私たちのもとへと流れ込んでくるので、一人一人に必要なエネルギーはすべて用意され、人生が展開していくようになります。

もし愛が必要ならその愛が、もし乗り越える力が必要ならその乗り越える力が、許しが必要ならその許しの力そのものが、私たちの内なるあたたかい場所からこの世に流れ込んできます。宇宙の愛はその瞬間ごとに、私たち一人一人に必要なエネルギーをすべてご存知で、必要となった瞬間、私たちのために用意されているのです。

あとは宇宙から流れ込むその波動をただ自分の中を通して、現実の中へと現していけばいい・・・。

そんなふうに宇宙から流れ込むエネルギーを、現実へと通わせていく接点こそが、「心をあたたかくすること」でした。

私たちはただ、愛を、優しさを、勇気を、そのあたたかい宇宙エネルギーを通していけばいいのです。私たちが心をあたたかくすることは、自らの波動を宇宙の波動と合わせることなのですね。私たちを源である宇宙の優しさに再接続することであり、内なる扉を開いてゆくことでした。

その気づきに、私はとても嬉しくなりました。それを理解してからの私は、悩んだり、心が揺れたり、苦しんだりしても、心が還る場所を見出していました。

悩んだり、心が不快感を味わったなら、必ず立ち止まり、心をあたたかい場所に戻してゆくよう心がけるようになっていました。

悩んで心が固くなり苦しむのは、いつも「心のあたたかさ」が消えている時だと気づいたからです。

苦しい時には、あたたかい心になど決してなれないと、私たちは思うものです。当然ですよね。苦しいのですから。

でも、宇宙の真理からすると、これは逆だったのです。

今、自分の心に「あたたかさ」が消えているからこそ、宇宙からの光のエネルギーが遮断されて流れてこなくなり、苦しみがやってくるのです。

それに気づいて、あたたかさや安らぎを取り戻せるよう意識して、心が再びぬくもりが回復すると、私の内側は深く満たされました。充実した新鮮なエネルギーが流れ込んできて、わくわくしたときめきが、指先や足先まで、髪の毛の末端まで、満ち溢れる気がしました。

すると、いつもふっと素敵な考えが浮かんだり、現実が自然にあたたかい方向へ動き出して、問題は解決に向かいました。

心が明るくなりあたたまると、暮らしにエネルギーが通い始めます。

心があたたかくなれば、私たちの心は宇宙につながって、自然と愛へ向かい、自ずと進化し始めるようです。つらくてどうしていいかわからず、歩む道が見えなくなるのは、心が冷たくなっていて閉じているからなのです。

それに気づいて、心が優しく穏やかになり、あたたかさを取り戻せば、再びエネルギーが流れ込み、自然にヒーリングが起こるのです。

「心のあたたかさで宇宙とつながる」

それに気がつくと、私の人生はスイッチが入ったように先に進み、展開し始めました。

まるで、「あたたかい心」という魔法の絨毯にお乗せいただいたように、宇宙の流れに私は優しく乗り始めていったのです。

こうして私は、宇宙とのつながりを取り戻していきました。

人はみな光であるという真実

『すべての人は光です。身分、年齢、条件を越えてすべての人は光です』

聖母とのチャネルがひらいた当時、私は北海道の函館市に住んでいました。魂の誕生日を迎えた後、私のもとには噂を聞きつけ、観てほしい、リーディングをしてほしいという方々が訪ねてこられるようになりました。

昼夜を問わず、突然訪ねてこられる方も少なくなかったので、私自身のお勉強もかねて、本格的に場を作りましょうということになり、母が喫茶店を開き、私はそこで働きながら、希望してくださる方にリーディングをさせていただいたり、お店が終わった後、小さなお話会を開いたりして、真理を学びつつ経験をつんでいました。

自分の居場所となるお店を開くというのは、とてもワクワクする体験でした。私はお店のコンセプトを任せてもらい、壁紙の色や内装やメニュー作りなどをすべて、聖母のチャネルを反映させて創り上げ、本当にお気に入りの空間でした。

毎日、かわるがわる友人が訪ねてきてくれて　とても楽しい日々でした。

しかし、同時にチャネルが開いたばかりの真理を学ぶ一年生の時期です。私が愛を学び、真理を実践するための、チャンスが山のように押し寄せてきました。

右も左もわからず、嵐のような日々に私は突入していきました。経験も浅いため、愛を伝えたくてもなかなか上手に伝わらず、霊的なことへの興味本位や否定的な態度の方も多い中、「愛のエネルギーを伝える仕事」に四苦八苦していました。

見えないものが見え、聞こえないものが聞こえるがゆえに、頭のおかしい女の子とバカにされることも多かったその頃。なかなか伝わらない仕事に、私はだんだん疲れてしまいました。

お友達との間で私を笑いの種にするため、ネタ探しにわざわざ喫茶店にやってきて意地悪な目で見る人、「君に何がわかるんだ！」と怒鳴ってくる人、目に見えるものしか信じないと、理屈や理論で私を論破しようとする人。

そんな方々ばかりが次から次へと押し寄せてきて、私は次第に自信を失っていきました。

中でも一人の男性が、霊的なことなど大嘘だと決めつけ、それを私にわからせようと、毎日通ってきておられました。私が言うことはすべておかしいと、言葉尻をつかまえて批判を繰り返し、私はとても困っていました。その方は、私の何もかもが気に入らないようで、ものすごい敵意と嫌悪をあらわにしてこられました。

私は、その方が現れることに毎日おびえていましたが、同時に正直言うと、怒りも覚えていました。そんなに嫌いなら来なければいいのに、と思ってしまったほどです。

それでも、心をこめることが大切と思い、質問されたら一生懸命答え続けていました。

ところが、その答えがまた私への批判の種となり、不毛にみえる会話の繰り返しに、私はすっかり自信をなくし、とうとう体調をくずして寝込んでしまったのです。

全身全霊で拒否していたのでしょう。ひどい頭痛と体の痛みで、食事が喉を通らなくなくなりました。

「一生懸命に心をこめているのに、どうして伝わらないんだろう」

へとへとに疲れていた私は、いつしかうとうと眠りに入っていました。すると突然、夢と現実のはざまで、聖母の授業が始まったのです。

目の前に黒板のようなものが見えてきて、そこにはとても大きな美しい文字でこう書かれていました。

『すべての人は、光である』

私が少々面食らっていると、内側から優しい声が聞こえてきました。

『どうぞ、声に出して読んでみてください』

「はっ、はい。すべての人は、光である」

あわてて私が言葉にすると、再び優しい声が響いてきました。

『どうぞもう一度、今度は言葉の意味を感じながら、心をこめて、言葉を放ってみてください』

「はい・・・すべての人は、光である」

ゆっくりと噛み締めるように言葉を放つと、私の内側がじんわりとあたたかくなり、不安でおびえていた心に優しい感覚が戻ってきました。ずっと批判され続け、緊張していたので、久しぶりに深くあたたかい安らぎを感じたのです。

安らぎの感覚は、ぽっと灯るあたたかい光となり、その光はゆっくりと大きく広がっていきました。キラキラ輝きながら、太陽のように大きな光となりました。

それは、私の神性の光でした。その時、再びあたたかい声がしました。


『わかりますか？　あなたは愛の光なのです。

そしてあなたと同じように、すべての人は光です。

どこのどなたであろうとも、身分、年齢、条件を超えて、すべての人は光です。


例え、どんなに頑固に見えても、意地悪に見えても、すべての人は光です。

すべての答えは愛なのです。

それ以外の姿は、その人が恐れから創り出した防御の壁にすぎません。

その壁に向かっていくら頑張っても、壁に打ったテニスボールのように、同じ力で跳ね返ってくるでしょうね。

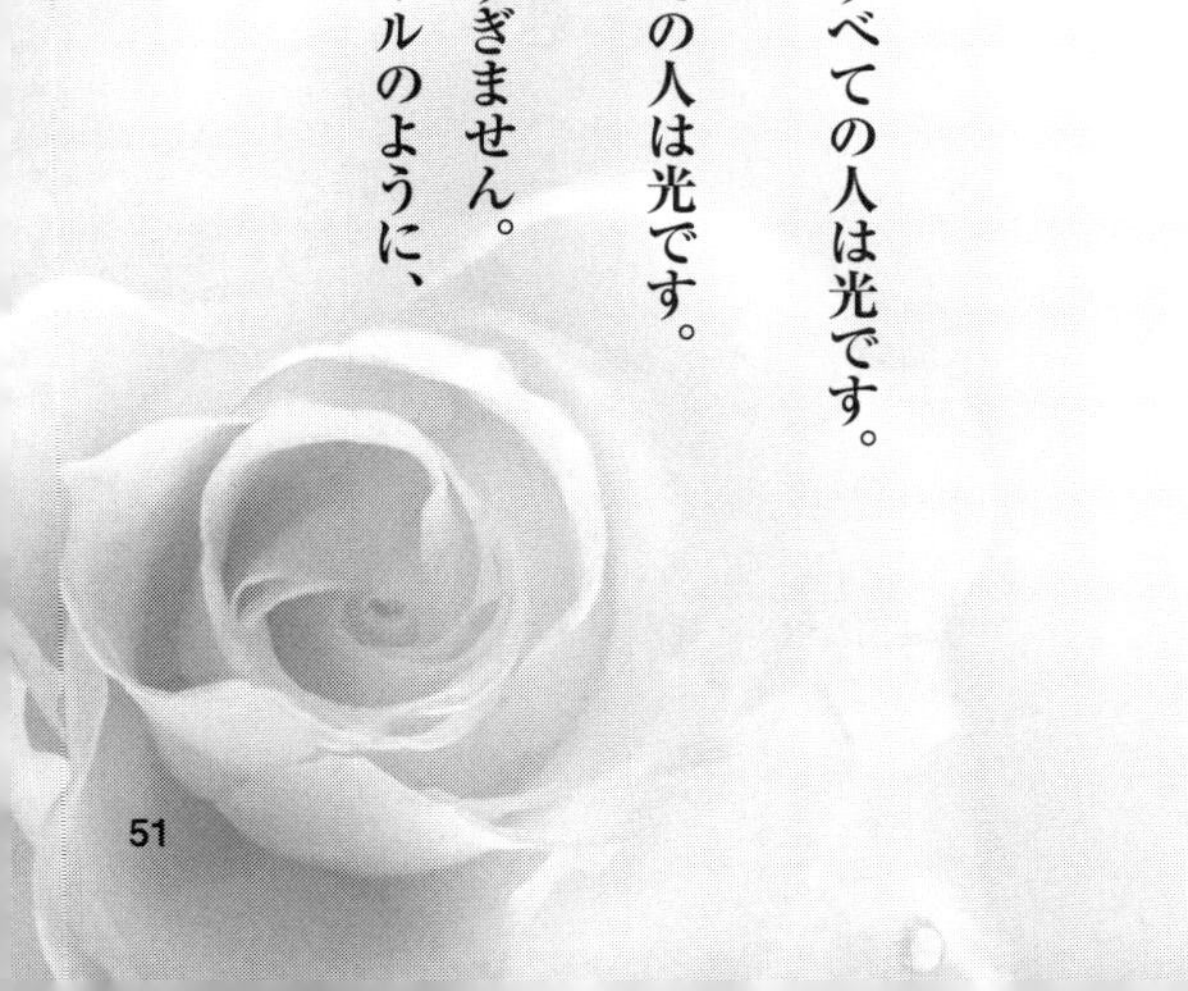

でも今あなたが感じているように、すべての人はあたたかな愛を持っています。
だから、壁に焦点をあてるのではなく、
壁の向こうにあるその方の本当の光を見つけてあげなさい。
その方の本当の姿である、愛を見てあげなさい。
その光とつながると壁は溶けて、
心をこめたメッセージは、相手の魂にしみこんでいくのです。
魂から愛が伝わって、ひとつになれるのですよ』

聖母意識のこの言葉を聞いて、はっとしました。私は、その方の見た目の態度に向かって、ボールを投げていたのです。

わかってもらおう、わからせよう、バカにされないように、きちんとしよう・・・そんな思いで、その方々の態度におびえながら対処していました。

聖母の語りかけを聞いて、そこではないと気がつきました。その奥にある、その方の光を思うことを聖母は教えてくれたのですね。

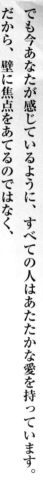

人は皆、自分の美しさを見失うと、怒りの仮面、感じの悪い仮面、人をバカにしてしまう仮面をかぶります。でも、それはその人の本質ではありません。

仮面の奥には、けっして消えることのない光が、本当は誰の中にも輝いているのです。時に、誰もが人をバカにしたり、怒ったりするのは、本当は不安だからなのかもしれません。本当の自分の光を見失っているのかもしれません。

でも、見た目がどうであれ、どんな人の中にも美しい神の光があることに私は気がつき、そこに焦点を当て始めました。相手をわからせるためではなく、私自身がその関わりの中で、愛の光を学ばせていただくためです。

バカにする人がきて、それを感じるから、反応して私が身をかたくして、バカにされないよう心によろいをつけて、わかってもらおうとする。それでは仮面と仮面のぶつかりあいとなり、壁に打ったテニスボールのように、同じ力で跳ね返ってきてしまうのです。

「相手にわからせる必要はなかったんだ。ただ、相手のいのちの美しさが見える波動の位置へと、自分を変えていくことなのですね」

私自身の意識が、表面の態度に対処しなくなり、相手を変えるのではなく自分から変わるという、優しい視点の覚悟をひきうけた時から、不思議なことが起こり始めました。激しい態度の人、頑なな態度の人に伝えたいことが自然に通じるようになり、頑なだった態度の方々が、涙を流して心通わせてくださることが増えていきました。

聖母の真理が心に届き、優しい方向に人生の舵を取り、苦しみから安らぎへとシフトする人が増えていきました。

自分が変わると、目の前の現実が変わる・・・。

あの時の感動を、私はいまだに覚えています。カルマ（表面）同士で出会うその人か、神性の美しいままのその人か、どの波動に焦点を合わせるかで自分が定まります。

焦点を合わせ直しただけなのに、まるで街に灯りが次々に灯り始めるように、伝えたい優しい光が伝わりだしたのです。

そして、気づいたら、バカにしておもしろがってくる方や、試してみようという方は自然となくなり、成長したい、前に進みたいという魂さんばかりとご縁ができるようになっていました。すべての人間関係に、この真理はきっと当てはまるでしょう。

どこに焦点をあてていくかを決めるだけで、愛は伝わり始めると、たくさんの出会いから、私は理解していきました。

泣くことができる幸せ

『泣くというのはヒーリングです。ハートチャクラを優しくやわらげてくれます』

魂が学ぶ必要があったのでしょう。

チャネルが開いた初期の頃、理解が進むまではこのように、私は人間関係にもまれ、ずいぶん苦しい日々をおくりました。

今では、特に悩みには思わないことも、当時の私はすぐに状況を深刻に考えてしまうところがあり、小さなことでも大問題となりました。癒されていない心がたくさんあって、エネルギーの使い方もまだわかっていなかったからです。

人間関係にもまれていた目覚めたての頃、突然私の人生が険しくなったと感じた時期がありました。難しい問題ばかりが、一気に押し寄せてきました。

しかも問題がひとつずつ訪れるのではなく、三つも四つも同時に目の前にやってくる、そんな感じでした。まるで、人生に嫌われているみたいに感じていたのです。

聖母意識から学ぶ世界に感動して、その優しい生き方に憧れて、光の心から人生を見なければと頑張っている時期でした。

聖母意識が教えてくれる、あの優しい生き方をしたい。愛を学び、愛を軸にあたたかく生きてみたい。

でも、まだ始めて間もないから、真理に向かう力加減がわからなくて、随分力が入っていたのですね。

「魂を磨いているのだから、つらいことがあったって当たり前」

「すべてに感謝しなければ！」「まわりの人のよいところを見なければ！」

「人のせいにしない！人のせいにしない！」と、まるで呪文みたいに唱えていました。

でも、不思議なもので、愛を選択しているはずなのに、優しい生き方（真理）を頑張れば頑張るほどなぜか、私は苦しくなっていきました。

不思議なのです。つらさを我慢して頑張ろうとすると、状況はもっとつらくなります。

これは学びなのだから、学ばなければ、やらなければ、こうするべき、こうあるべき。

真理を軸に自分を枠にはめると、状況はその自分に気づかせようと、もっと輪をかけて、
何かが違うと見せてくださいます。


当時の私は、怒りを感じても「これは私のわがままかもしれない」、ひどいと思うことも「これは学び学び」、と自分に言い聞かせ、頑張っていました。

そして、本音を言えばかなり泣きたいほど苦しかったけれど、「泣き言は絶対に言うまい」とさらに頑張る、意地っ張りな私でした。


数々の悩みが一気に押し寄せる日々に、神経がぴんと張りつめて頑張っていた当時の私でしたが、一番苦しんでいたのは、先のお話のように数々の人間関係でした。

お一人お一人の関わりにエピソードがあり、後に私に真理を教えてくれる大切な体験となりましたが、体当たりをして学んでいる渦中では、胃が痛くなるくらいの恐怖でした。

でも「魂を磨いているのだから、やらなければ、越えなければ、頑張らなければ」と思っていました。

私と同じように恐れを感じている人々を、聖母のように優しく許して、受けとめる態度をすれば、問題はほどけて解消すると思っていたのです。だから、どんなものを投げ掛けられても、「いいですよ」と受けとめようとしていました。


しかし、そうするほど状況はさらに悪化しました。なぜなら内側は相当無理をしていたのですから、幸せな気持ちにはなっていないわけです。

私は当てがはずれたように感じ、とてもあせりました。

「愛に向かっているのに、なぜ?」

不思議なのは、この時期、私は宇宙の導きも聖母波動も、まったく感じなくなっていました。天に祈り、導きを求めても、天からは何も応えはありませんでした。

まるで雪がふりつもる日のような沈黙。天のサイレントがそこにあるだけだったのです。

「ああ、いよいよ、私は天に見捨てられたんだ」

そう思うと、さらに不安になり、その不安がいっそう私の心をかたくしました。

「泣いちゃだめ、泣いちゃだめ。泣かないで、頑張らなきゃ」

しかし、そう意識するほど、状況は悪化しました。優しい態度になるよう頑張れば、相手も優しくなると思ったのに、優しくなるどころか、相手はもっとひどい態度になっていったのです。

「どうして?」

我慢して私は道を探り続けますが、その間ずっと、天はサイレントのままです。


目の前に導きらしいものも、気づきさえも何も生まれず、私はひたすら我慢して、自分の気持ちを光の方へ無理やりねじ曲げるようにして、頑張っていました。

しかし、我慢というのは、必ず限界がきます。我慢すればするほど、我慢して頑張れば頑張るほど、どんどんひどくなる状況にとうとう私は堪えきれず、それまでの我慢がついに崩壊したのです。

人間関係の中で、ある言葉を投げかけられたのをきっかけに、私の中で何かが弾けました。とうとうそれまで堪えていた涙が抑えきれずに溢れ始めました。

止めようと思っても、もう止まりませんでした。

その時でした。

雲間から光が射し込むように、私の中に優しくてやわらかいものが、ゆっくりと開いてゆくような気がしました。そして、天上の優しい存在たちの会話が、私の内なる耳にふれてきたのです。

「ああ、ようやく泣けたわ」
「よかった、これでつながるわね」
「ああ、よかった、安心したわ」

「！」

私は戸惑っていました。それは、私の背後で、私をいつも導いてくださっていた、ガイドスピリットたちの声でした。

その瞬間、私は悟ったのです。


天が無言だったのは、導きがないかのように感じていたのは・・・天に突き放されていたのではなく、私の気持ちが張りつめていたことで、自分のオーラが固く閉鎖的になっていたのです。私の方が天をはじいていたのです。


堪えていた涙はもう止まりませんでした。

涙が溢れ、私は子供みたいに泣いたのです。


でも、泣けることがうれしい、何だか気持ちいいと感じていました。

涙とともに、心に溜めていた思いが発散されてゆくと、私のハートはみるみる軽くなり、ほっとする何とも言えない安らぎが戻ってきました。

するとハートの奥からうるおすように、満ちあふれるように、聖母の優しい声が広がりました。

『涙は、聖水です。
心につらさがあっても、素直に泣ければ、
ハートチャクラはもみほぐされたようになって、
魂はやわらかいままでいられるのですよ。
愛は、そのやわらかさから始まるのです』

私たちはもともと誰もが愛のエネルギーです。

これから愛になるのではなくて、愛に戻るのです。私たちの自然な本当の姿が愛なのです。自然であれば、私たちはそのままで愛になってゆく・・・。

この時の、にがい涙の経験から、私は大きな気づきを得ました。

「私、魂の登り方を間違えていたのですね」と。

「そう」とあたたかい微笑みで 頷いてくださるかのように 聖なる母性は私の中で優しさを広げました。キラキラキラキラと美しい光のドレープを巻いて、私のいのちを包んでくれました。

泣いちゃだめだと思っていたけど、そうではなかった。

涙はいのちを洗ってくれる。いのちを素直にしてくれる。いのちをやわらかくしてくれる。愛を学ぶ道、優しく生きる道は、足し算ではなくて、引き算でした。

優しい生き方を選ぶ時、私たちは「愛」を目指します。その時のスタート地点が「私は愛じゃないから」と、愛ではない自分に、愛の態度を無理して装ったり張り付けたり、背伸びをして「自分にないもの」をプラスしていく必要はないのです。

そうするほど、私たちにはかなりのストレスがかかるからです。優しく思えていないのに、優しくしなければならないし、私は悪くないと思っているのに、許さなくてはならなくなるからです。

思えていないのに、頑張るしかない。その波動では、当然、現実もほどけるわけがありませんね。そうではなくて、私たちはもともとが愛なのです。

ただその愛を覆い、光を隠しているものがあるだけなのです。ただ、それを優しく洗ってあげればいい・・・。


「真理は愛なのだから、暗くなっちゃだめ」「笑顔でいなくちゃいけない」

「優しく包まなきゃ」「平気でいなきゃ」「あたたかい言葉をかけなくちゃ」

こんなふうに、ないものを頑張って無理して自分につけるのではなく、優しく思えない自分の思いや、思い込みの方をそっと手放していくことです。


愛も優しさも強さも、もともと私たちの中に今も消えずに輝いているのですから、それを隠す自分の思いを解放し手放していけば、自ずと中から光の自分が溢れてくるのです。

こうしなくちゃだめ、こうするべきとガチガチに固めて頑張るのではなく、泣きたいなら泣きたい気持ちを、ただ泣いてあげて解放してあげるのです。

泣くことは、オーラを固めて知らず知らずの内に天の光をはじきとばしていた自我を優しく流してくれるので、解放が起きるのです。

頑張らなければと張りつめていたものが、涙が流れた途端に解放され、私のハートはほっとしました。

導きも、気づきさえもなくなったかのように見えていたのに、ほっとした途端に、聖なる気づきがどんどん生まれ始め、心がふわりと楽になりました。

不思議でした。手放していくと、頑張らなくても優しい気持ちが湧いてくるのです。どこにも無理がないのです。

そして自然な自分の波動を見つけると、その波動はまわりに伝播していきます。だから、現実もほどけ始めるのです。

ただ手放していくと、私たちのいのちのは自ずとあたたかく回復してゆくのですね。内側からやわらかな光が出てきて、天の守護とつながるのです。

涙はそんな「自然体」に自分を戻してくれる、優しい授かりものなのですね。

愛のオーラは真実の引力

『愛を学び、波動を出しなさい。そうすれば、自然に道はひらかれます』

様々な人間関係にもまれ、悩みながらも少しずつ私は愛を学び、光をみつけるコツをつかむようになっていました。いつのころからか、嵐みたいだった私の日々に安らぎが訪れ、家族みたいに思えるあたたかい方々に囲まれる、そんな現実を創造できるまでに成長していました。

この時、お客様としてお茶を飲みに来てくれていた人が、今でも続いているくらいの親しい友となりました。

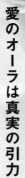

真理のベースとなるコツをつかんだ後は、人間関係での学びもきれいに終わり、とても快適で楽しい時間となっていました。

私にとって、この喫茶店時代は、その後の歩みの理解を深める基礎固めとなり、目に見えない宇宙意識にしっかりと根をおろすよう、導かれていました。

そうやって数年がたった頃、突然、喫茶店内の空間に、キラキラ光る光をよく見るようになりました。お客様とカウンター越しに話していると、しばらくぽうっと光り、キラキラ輝いてから消えたりしました。

そんな光を頻繁に見るようになった頃、心にある感覚が上がってきました。

「私の人生は次のステージに進む、私は喫茶店での学びを終了することになる。優しい光伝えが私の本業になる」

そんな直感がやってきました。

その直感に従い、お店を終了した直後、私は頻繁に東京に行く用事ができ始め、それまで考えたこともなかったのに、東京に引越してそこで根をおろすよう運命に導かれたのです。

私は、巨大で複雑な東京で大丈夫かしら？とも思いましたが、それとは別にとてもワクワクしていました。

程なくして、私は東京に意気揚々と小さなお部屋を準備し、個人オフィスを開きました。ところが、期待に胸を膨らませて新しく始めようとしていた私に、聖母意識はぎょっとすることを言いました。

『オフィスを持っても、今は、一切の宣伝をなさらないでください。広告も今は必要ではありません』

「えっ⁉」と戸惑う私。

東京に出て、お知り合いも数える程しかいないのに、宣伝なしですか？

当時は今のようにネットなど普及していない頃ですから、私がこのような仕事をしていることを知ってもらうには、宣伝や広告は必要不可欠のはずでした。

じゃあ、どうやってお客様に、私の仕事を知っていただき、来ていただくというのでしょう。しかし、聖母意識は続けます。

『心配はいりません。
もしあなたが、メッセージを実際に実践して、それが本当に身についた時には
あなたのオーラから真実の美しいオーラが放射されます。
身について知っているから、
分かち合えるあたたかい光があなたにはあることを、
あなたから出るオーラが雄弁に語るのです。

たとえ、宣伝などしなくとも、
いのちのつながりからその波は、他の人々に伝わり、
あなたがお役にたてるご縁の人は、自然にあなたを見つけます。
あなたが光を学び、愛を放射し続ければ、お客様はやってきます。
愛のオーラは真実の引力です。

目には見えずとも、理解はエネルギーとなり、
意識のネットを通して自然にたくさんの人々に伝わるはずです。
愛を学び、波動を出しなさい。
そうすれば自然に道はひらかれます』

この時の私の気持ちをご想像いただけるでしょうか。大変なことになったと感じました。心底、震えあがりました。

でもなぜか、ふつふつと情熱だけはあたたかく心に湧き上がり、自分は正しい道にいると感じました。

しかし、私がやっていることを誰も知らないわけですから、オフィスにいたとしても電話は一本もなりません。トーク会を開いても、当時ほとんど人は集まらず、三人いらっしゃれば、「今日は多いわね」という状態でした。

ほとんどは一人か二人のご参加者という状況が長く続いていました。ある時、今回は参

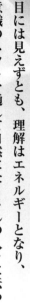

加者がひときわ少なく、たった一人だけということがありました。
私はがっかりして、「それなら今日はトーク会はやめて、おいしいお茶でもいれて、その方と楽しいおしゃべりの時間にしてしまおうか」と考えていました。
そんな時、聖母意識はこう伝えてきました。

『いいえ、一人はとても大切です。「一人の人」の尊さを知りなさい』

『たった一人であっても、その人に語りかけ、その人を喜ばせ、
その人をほっとさせてあげることができたとしたら、
それはとても尊いことなのですよ。
例えば、耳を傾けてくれる人がたった一人であっても、
あたたかい真心をこめて尽くし、
その方の霊性を大切にしてさしあげることとは、尊いことなのですよ』

と教えてくれたのです。さらに聖母は続けました。

『もし、見せかけや保身からではなく、
また損得勘定を優しくぬいて、目の前の人の心を大切にできた時、
それは、一人という個を越えて全人類に仕え、
全人類の心をあたためていることと同じなのですよ』

このことは、繰り返し教えられました。私たちのいのちは、すべてのいのちとかかわり合い、影響を与えあい、つながっているからです。

『私たちの胸の中のあたたかい場所は、宇宙という天の愛とも、
地球の環境とも、あらゆる人生の体験とも
そして、全人類の心ともつながって「ひとつ」なのです。
ですから、「ひとり」の中に、「全人類」がいます。
だからこそ、ひとりが変わると、しかも、芯から変わると、
それは、地球が今まで当たり前として受け止め、
疑うことすらしなかった「価値観」を、
新しくあたたかいものに、ぬり変えてゆける変化を、
地球の集合意識にもたらす影響力をもつのです』

そう聖母意識は教えてくれました。

そんな聖母意識の導きに感動し、ぜひそんないのちの向き合い方をしたい、大事にしたいと、私は心から思いました。

けれど、そのあたたかくふくらむ気持ちとは裏腹に、収入はほとんどないのですから、みるみる貯金はなくなっていきました。正直、あせり、かなり狼狽していました。

家賃を払ってしまったら、なんと食費にあてるお金がまったくない。そんな状況にまでとうとう陥りました。これには本当にまいりました。

私はみるみる追い詰められていきました。

安心の源泉・私が私である時

『魂の真実に沿った愛を表現している時、
必要なものはすべて宇宙が満たしてくれます』

あたたかい心も、真心もわかるけれど、いくら何でもと、その聖母の声を無視して、働きに出ることもできたのでしょうが、その時の私はそれはしませんでした。なんだかこれは私の魂がとても大事なことを思い出そうとしている、今はねばり時であると、私の中の何かが告げていたのです。

だから私は、自分を落ち着かせ、まずは自分の本質に立ち返ろうと思いました。


「私は何のために、ここにいるのだろう。

なぜ?何をしに生まれたのだろう?」

まずは自分がここにいる理由を確認しようとしました。


その答えは、自分が何をしている時に涙が出るほど感動し、幸せを感じるかを自分に問えば、おのずと答えは出てきます。

それこそ、私が生まれる前に約束してきた『自分との約束』なのでしょう。

それをしている時こそ、『私が私らしく在る』といえます。豊かさは、自分の魂をそのまま表現する方向に向かった時、自然に生み出され、ついてくるものだと知っていました。

『自分が自分らしく在るという、魂にとって正しい道にいる時は、
宇宙は必要なものを、すべてその人に与えます。

魂の真実に沿った愛を表現している時、
必要なものはすべて宇宙が満たしてくれます』

スピリチュアルな世界を学んでいると、よく耳に入る、このような真理の言葉を、当時の私ももちろん知ってはいました。

でもまだ、頭でその言葉を知っているだけで、私には実践と体験が圧倒的に欠けていました。

お金も必要なものも何もない、追い詰められたような時に、それを信じるのはとても恐ろしいことでした。うずくまるくらい恐ろしいことだったのです。

でも・・・。

私の内側からこみあげる何かが、先に進みなさいと告げていました。私は深呼吸しながら、自分を落ち着かせ、考えました。

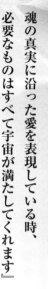

歌を歌いに生まれてきた人は、歌うこと自体にときめき、歌うことに幸せを感じます。絵を描きに生まれてきた人は、絵を描いていること自体に夢中になり、食事するのを忘れるほど、幸せを感じるでしょう。

では私は？　私は何をしている時に夢中になり、何をしている時にあふれるほど、幸せが湧くかしら？

答えはもう、明確に出ていました。

―反応がある場所になら、どこにでも愛の真理を惜しみなく語り伝えること。

―目の前の人の魂の美しさを教えてあげること。

―長いこと使われないで忘れられたその方自身の魂が持つ力を、思い出させてあげること。

―そして聖母波動を生きること。

宇宙の愛を惜しみなく伝えること。それをしている時、私の魂は充実し、喜び、身体中の細胞が湧き立つほど幸せを感じるのです。

それを思うと、いつでも何をしていても、胸があたたかい幸せで膨らむ気がしました。

間違いない、このいのちの世界のあたたかさを伝えることが、私らしいということ。

私の胸の羅針盤は、明確にその道を指していました。何をすればいいか、心が決まりました。

すると不思議ですが、意識が定まると、私はほぼ毎日 自然に誰かに会うようになっていきました。毎日、自然に誰かと会うような流れができてくるのです。

それはいわゆるほとんどが仕事ではありませんでしたが。例えば友人たちが、悩んで行き場がなくかけこんできたり、眠れずに夜中に電話をかけてきたり、知人に誘われたホームパーティーで出会って、たまたまお話がはずんで気があうご夫婦だったり、お友達のさらにお友達だったり。仕事ではないけれど、機が満ちていて、愛のエネルギーの法則を知りたいと願う方々と、私は次々に出会うようになりました。

私は、魂に反応があるところには、心をこめておしみなく光をお渡ししていきました。私が私であること、私の魂が望んでいることに焦点をあて、自分がここにいる意味を生きようとしました。

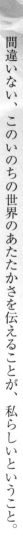

でも、みるみるお金は窮地に立たされました。まるで、高い崖から飛び降りる覚悟を求められるような・・・そんな気持ちでいつも震えていました。

ただ、魂が求めてきた感覚の場所に自分の体を置き、為すべきことを心をこめて実践する、その繰り返しにひたすら集中しました。

迷っている友がいたら、その人の内なる答えを見つけるフォローをし、自信をなくしている人がいたら、その人の中の美しい力を教えて勇気づけ、人生に起きた、複雑にからんだ糸をほどくきっかけを渡していきました。

毎日毎日、自分の魂に向かっていました。

けれど現実的には相変わらず、オーバーではなく、お金がないので、食費はどうしようと困窮していました。

ところが・・・。ある日、気がつきました。

「あれ・・・?」

確かに食費に当てるお金はまったくなかったはずでした。

なのにふと気づいたら、毎日毎日、私は豊かな食事ができていたのです。

実はいろんな友人知人から「〇〇に旅行に行ってきたからお土産よ」とお土産をいただいたり、ふるさとから送られてきたものを「よかったら召し上がって」とおすそわけをいただいたりして、全国各地のおいしいものが私の元へなぜか、集まってきていました。

本当にお金はなかったのに、私の食卓はいつもとても豊かで、しかも最高においしいものをいただいていたのです。

何か足りない食材が出てくると、不思議なことに、「これがもうなくなった」と一言も言っていないのに、必ず誰かを通してそれはもたらされました。

食べ物ですから、食べてしまったら終わりが来るわけですが、なくなるとすぐに別な誰かから、また必要な分が満たされ、相変わらず私の食卓は豊かになっていました。

さらに嬉しいことがあり、今日はちょっとだけ乾杯したいなと感じていると、なんとお酒の引換券までが、「よかったら」と絶妙なタイミングで私の元にきたのです。

たまたま偶然と言いたくなることもあるでしょう。でも、こんな満たされ方が数日だけではなく、長きに渡って続くと、より偉大な力が働いてくださっていると、さすがに気がつきます。私の必要なもののリストが、あちこちに配布されているのでは?と思ったほどでした。

しかし、確かにミラクルは起きていると感じましたが、それらは、劇的に目の前にやってくるというよりは、気づいたらそこにあり、気づいたら必要なものがすべて揃っていたという自然さだったので、そこまでお見せいただいていても、すぐにはどうしても信じきれませんでした。今はとりあえず満ちている。だけど次は無理かも・・・と不安は消えませんでした。

そんな頃、私に降ってわいたように、初めての大舞台が訪れます。

私はその頃、小さな瞑想の会を開いていましたが、そのイベントにいらしてくださったご婦人が、ありがたくも私の瞑想に感動してくださり、こんなことをおっしゃったのです。

「○○ホテルで、たくさんの著名な方々がお越しになる数百人規模の祈りのイベントがあります。突然ですが、そこに来て、ぜひスピーチをしていただけませんか？」

私は一瞬ワクワクしましたが、お受けすることに迷ってしまいました。

なぜなら一流ホテルの格式あるパーティーだったため、ドレスコードがあり、シンデレラのように私には着ていくにふさわしいドレスも、新しいドレスを買うお金もなかったからです。

「行きたかったな。でも失礼のないドレスじゃないと・・・やっぱり無理かな」

そう思っていると、宇宙はまたしても私の必要を満たしてくれました。

突然、母から電話があり、なんと、母の友人にブティックをしていた方がいらして、その方が私にドレスを譲りたいと言っているというのです。

なんというタイミング。

以前から母と親しくしていたその方が、以前パーティーで着ていらしたドレスがあまりにも素敵でよくお似合いだったので、それをお伝えしたことがあったのです。

よくよく母の話を聞いてみますと、その方がクローゼットを整理していて、そのドレスを私が褒めていたことをそのタイミングで思い出してくださり、「あの時のドレスを手放そうと思うのだけど、よかったら亜美さんに」とお声かけくださったというわけです。

そのドレスが、お誘いいただいたパーティーのドレスコードにぴったりで、然るべき方々の前でトークをさせていただいても申し分のないドレスでした。やっぱり宇宙がお支度を整えてくださいました。

すごい！　もはや疑う余地はありませんでした。

『魂が為すべきことをしていると、自然の摂理に生かされ、衣食住、生きるために必要な物は宇宙がすべて用意してくださる』という真理が具現化して、私の暮らしの上に姿を表していました。

『自分が魂にとってあるべき道にいる時は、必要なものは与えられます』

私は息をのみました。本当だ！と。

「あの時も、あの時も！」と気がついたら、すべて私の必要は、宇宙によって支えられていました。本当に絶妙なタイミングで。

魂に従い、為すべき方向に生きていると、必要なものは満たされるという宇宙の真理。

もはや疑う余地はないと確信しました。私は体中で体感していました。

魂には角度があって、自分の魂が求める方向に舵をとり、心をこめれば、必要は満たされるのです。お金はエネルギーを媒介しているだけで、大事なのは目に見えない「意識」というエネルギーの方です。


例えば、お金がなかったとしても、お金を介さずにいても、必要は満たされたりもする。

「やっぱりすべてはエネルギーだった！」と目が覚めたような幸せな驚きの中で、理解しました。

しかし、奇跡はその直後に現れたのです。

この魂のジャンプで実践し、私の中に理解が実践を通して体感が備わると、突然、現実が動き出しました。

なんと、雑誌の取材を筆頭に、特集していただけるムック本や取材本のご依頼が、次々に舞い込むようになったのです。広告を出していないし、こちらから何も働きかけてもいないのに、突然、オファーが現れました。

さらに、それらがリリースされると、オフィスの電話が鳴りっぱなしになりました。

東京でのトーク会は、多くて三人だった時代から、月ごとに一回り、また一回りとお部屋を大きくできるくらい拡大していきました。

本当に真理が頭ではなく身に入ると波動が出て、分かち合うものができると 自然に扉がひらきました。そして、聖母の真理を伝える素敵な仕事を、体験させていただくようになれたのです。

明らかに、春の陽ざしのようなあたたかい真理はありました。私は深い感謝に満たされました。

自分の魂にとって本当の生き方をすると、宇宙はそれを応援しようとして働いてくれます。自分の魂にとってあるべき方向に人生の舵をとると、必要なすべてが与えられるのです。

成長とともに進化する導き

このように聖なる母性の導きにより歩み始めて、最初の数年間は、あちこち人生の壁にぶつかりながら、泣きながらおびえながら、勇気を出してジャンプして飛び込むことの繰り返しでした。

でも、実践して信頼が備わると、ジャンプするごとに、ひとつずつ恐れを超えていくごとに、私の人生は明るくなり、意識は春の陽ざしのように安心が生まれて、優しい力がみなぎるようにして戻ってきました。

この世界のあらゆるものは、成長し進化していきます。

そのいのちの自然の理のままに、私もまた、よちよち歩きながら、それでも少しずつ成長していきました。そして、私の内面の成長と理解度にあわせて、聖母界の私への導きもゆっくりと変化して行きました。

私自身が、聖母意識をベースとする基本的な「ものの見方」を、当たり前のようにできるようになり、心の内側でいつも源のあたたかさにふれた優しい生き方を選ぶようになると、自然に私の暮らしに変化があらわれ、一段高い次の学びが訪れて、人生は展開していきました。

聖母意識の導きは最初、とてもこまやかで、まるで小さな子供を導くように、一歩一歩わかりやすく導きが灯されました。しかし、少しずつ経験を重ねて、私の中が一致していくにつれ、より色々なことが聖母に質問する前にわかるようになっていきました。

私自身が自分の内なる神聖としっかりとつながりを取り戻し、内なる力を信頼し始めたあたりから、私が心で見つけた答えと聖母の声とが、次第に一致するようになっていました。

体当たりで恐れを超え、実践を積み、経験を増やしたことにより、私の心の中に生まれる「知っている感覚」と聖母の答えが完全に一致し始めて、私は内なる聖母意識を見出すようになりました。

誰もの中に、あたたかい神との一致は存在するのです。その愛を学ぶ進化の旅は、今も優しく続いています。

第三章

懐かしい自分への還り方

懐かしい自分へ還る〝女神の時代〟

現在、私たちの地球は、大きくあたたかい愛に向かって生まれ変わろうとしています。宇宙からの目覚めの波動を受けて、これまでの時代とエネルギーがまったく変わってきているのです。

アクエリアスの時代とは、あたたかい愛と調和の時代で、女神の時代、聖母の時代と言われています。霊性（優しさ）の時代であり宇宙の時代です。

同じ意味で、弥勒の時代と表現されることもあります。

それは、物質が重視される文明から、霊性（優しさ）が大切にされる霊文明へと、エネルギーの主流が移り変わっていく時代です。

今までの慣れ親しんだ物質波動の意識の使い方から、宇宙につながる魂の自分のままに生きる、優しい生き方を回復させる時を、私たちはすでに迎えているのです。すっかり忘れていたけれど、でも心のどこかで知っていた懐かしい自分らしさを思い出す時でもあります。

聖母意識が教えてくれた優しい生き方は、不思議な力をもっていました。歩む度に苦しみが消えていき、心で感じていた幸せなかつての夢が具現化していくのです。

生きてゆくための心の置き所が変わっていき、世界の見方が変わっていきます。そうすると、自分の中を流れるエネルギーが変わってきて、引き寄せられてくる現実が変わってくるのですね。

私たちは日々の暮らしの中で、実はとてもさりげないいのちの不思議を垣間見ています。例えば、そのひとつが、先にも触れました「心があたたかくなる感覚」です。

日々の中で、愛を感じると私たちの心はあたたかくなります。そのあたたかくなっているところには、さわれないし、ふれられない、どこがあたたかくなっているか、その場所を明確に示すこともできません。けれど、私たちには、そのぬくもりを、感じることができますね。

この、私たちの内側であたたかくなるものを「霊性」といいます。あなたと宇宙との接点です。愛はここから流れ込み、あなたの暮らしへと流れていきます。

私たちのいのちのあたたかさは、神様から分かれてきた分け御霊《みたま》なのです。分け御霊とは、とても麗しく優しい神様の光そのものです。つまり、私たちの存在は神様の優しい光でできているのですね。

もし、この世界をお創りになられた母なる創造主が、ひとつの大きなキャンドルだとしたら、分け御霊とは、私たちの胸の中のキャンドルに炎を分けていただいたような優しさです。

例えば、最初のマスターキャンドルの炎から、いくつ炎が分かれていっても、「炎」自体の質に変わりはありませんね。

最初の炎も、最後に分かれた炎も、同じ性質の炎のままです。つまり、私たちの中には、大元の神様とまったく同じ炎が灯っているのです。

私たちのいのちそのものは、あたたかく優しい神様と同じ炎でできているのですね。

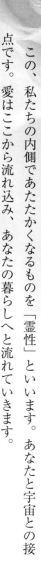

一九八六年の魂の誕生日の当時、聖なる母性が私に告げた印象的な言葉があります。

『あなたの仕事は準備ができた魂のために、あたたかい霊性の回復を助けることです』

当時は、霊性という言葉など意識したこともなく、それは何をすればいいのかすらわかりませんでした。
ただ、聖母の波動にふれると私の胸があたたかくて、嬉しくてほっとする。聖母が何も言っていない時でも、その波動を感じると、その優しさが何だか幸せで泣きたくなる。深いところからほっとして、芯から、あたたかい力が湧いてきました。
私はその後、この「あたたかさ」や「幸せ」を感じている内なる場所こそ「霊性」なのだと悟っていきました。そして、暮らしの中で心があたたかくなるたび、そのぬくもりこそが、優しいふるさとの宇宙とのつながりを再び取り戻してくれるのだと実感しました。肉体を持ったままで、暮らしの中心から魂を完成させていく、あたたかい宇宙への帰還であることも理解していきました。

それは自分の中の「本当の自分」を取り戻すことであり、自分の中にある深い宇宙エネルギーとのつながりを取り戻すことでした。それはかつて忘れた「本当の自分」を思い出し、再びつながり始めることでした。

水晶のように透き通った優しい時代の始まり

誰もが感じ取っているように、この時代の転換期では、直接私たちの暮らしに関わって影響を与えている、地球のエネルギーの潮流が変わり始めていきます。

エネルギーは反転するように、従来のあり方から切り替わり、分離から調和へと、制限からのびのびとした自由なエネルギーへと、とても速いスピードで変わり始めているのです。

見た目重視の建前から、真心を大切にするあたたかい愛の時代へ向かうよう、世界を導くエネルギーが反転していきます。

このエネルギーは、地球に住むすべての人々に影響を与えています。

主流となっているエネルギーは、水晶のように澄み渡った透明なエネルギーです。ですから、あらゆるものが透けてくる時代なのですね。

水瓶座の時代と呼ばれる「女神の時代」は、水瓶から澄んだ水が流れて私たちのいのちを洗い、本来の姿に戻してくれる、地球の禊《みそぎ》の時期でもあります。

透明で澄み渡る美しい霊性に向かう、優しさの時代なのです。

女神の時代の、この澄んだエネルギーはまず、国から、社会から、家庭から、私たちの心の中から、まだ解消していないあらゆる未消化の問題を透き通らせてゆきます。

そうやって、からまっていたものを表に出して、波動を転換するチャンスを届けてくれるのです。

役目を終えて崩れ消えていくものと、内側から目覚め新しく誕生してくるものとが、同時に存在しているので、様々な状況が混乱しているように見えます。

破壊と創造が同時に起こり、新陳代謝をするように、地球は生まれ変わっているのですね。

今までは物質主流で、霊性は奥に潜んでいる時代でしたが、女神の時代が来るとこれが反転し、今度は霊性が主流で、物的なものがそれについていくように、流れが変わってくるのです。

あらゆるものが透けてくるように、その人の心の中がそのままその人の現実になってくる時代です。だから、心を洗い、あたたかい愛を学んで、澄んだ美しい霊性を持つことが、幸福になる時代なのですね。

今までのように物質が主流で、霊性が隠れている時代なら、例えば、成功するために心の美しさは必ずしも必要なかったでしょう。人を押しのけ、裏切り、友を騙《だま》して自分の心を汚しても、成功さえできればいいという生き方も可能な時代だったのです。

けれど女神の時代が来ると、現実として運命の上に、その人の心の中にあるものが透《す》けて出てくる霊性の時代なので、その心のくすみがその人自身の経験として現れてしまいます。時代の潮流が変わってきているのです。

ですから、自分の心を洗い、あたたかく優しく、幸せな気持ちを学び思い出すと、幸せの波に乗れるのです。

あたたかい愛を持ち、優しく調和する心を持っていると、その心の波動は、女神の時代の潮流とマッチするので、背中から追い風を受けて、ぐんっと幸せになっていくのですね。

心の中にあるものが透けいくので、今度は心の美しい人々が成功し、時代をリードしていく時が来たのです。幸福、幸運は、まばゆい澄み清まった霊性に向かって集中していくでしょう。

心の美しい人々の時代が始まる・・・。なんて嬉しい聖なるタイミングでしょう。

私たちの地球にアクエリアスのパラダイムシフトが起こっています。

「本当の自分」に戻りたいという共通の願い

私たちは美しいものを見て感動することがあります。素晴らしい映画を観て、とても感動し、席を立てなくなるほどに心震えて涙があふれることがあります。

人生の途中で何度も「心震える」感動と出会いますが、その時、震えているものは何なのでしょう。

それは、あなたの霊性が反応して震動し、バイブレートしているのです。

「感動して心震える」という経験は、自分の魂の中にある美しいものと同じ波動に出会って、あなたの霊性が反応しているのですね。

それは「本当の自分が持つ美しい波動」を思い出しているという、素敵な経験なのです。

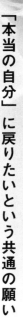

誰もが今、自分を探しています。

今まで現実という三次元社会の中で機能していた私たちの地球では、肉体という物質に自分の霊性が隠れて、本当の自分がどれほど素敵で美しいエネルギーを持っているかが、見えづらくなっていました。

だから、人と比較しては落ち込んだり、何か自分の存在を立ち上げようと他と競争したりして、私たちのいのちはとっても疲れているのです。

女神の時代は、愛と調和の時代で、優しくて美しい霊性の時代と言われているのに、今、私たちの心を見ると、逆の心がむしろ強くなっていると感じられることはないでしょうか？

何だか前よりストレスが強くなっている・・・。以前は何とか我慢できていたことが、最近はどうにも我慢できなくなっています。

前は心の中深くにとどめておくことができた、不満や愚痴を隠そうとしても溢れてきてしまうのです。嫌な自分を抑えようとするのに、どんどん表に出てくるし、何だか理由のわからない怒りが抑えきれずに出てきてしまいます。

だから今、愛や優しさよりも、理由のわからない強烈な怒りや、強烈な自己嫌悪が表に出ていて、苦しくなっている方も多いのです。

そうなると、表に出ているのは苛立ちや嫌な自分ですので、今、自分が何だかよくないと感じてしまいますね。

でも実は、その抑えきれないイライラする気持ちの奥に、強烈な自己嫌悪の奥に、理由があるのですね。それは、あなたの内側の深いところから、今までは眠っていた「本当の自分」の波動が目覚めてきているのです。

頭では何が起きているかわからないのに、存在の深いところでは、本当の自分の波動が立ち上がってきていて、そのギャップに、私たちは無意識に反応しているのです。

今までは、肉体に自分の霊性（優しさ）が隠れていたから、平気で他を裏切ることができたのに、それをしようとすると、中の自分がそれは自分らしくないことを知っているので、自己嫌悪が強くなるのですね。

私たちの中の光と影のコントラストが、非常に明確になるのが今の時代の特徴です。水晶のように透き通った女神の時代が始まると、そのエネルギーはまず、私たちの中のまだ超えていない心を刺激して、心の中の影を浮き彫りにしてきます。

すると今までよりも、もっともっと影が濃く感じられますから、怒りも強くなり、嫌悪も強くなります。でもそんなふうに影が心に強く出てくるのは、私たちが「光」の優しさを知っているからなのです。

影が以前よりも濃く、よりくっきりとしてくるのは、より強い光がそばにあるからなのですね。影が出るのは、光がそばにあればこそなのです。つまり、より我慢できなくなった怒りや苛立ちなど、嫌な自分が浮き彫りとなっているのは、あなたの中でそれを照らすあなた自身の本当の光が、より強く、よりまばゆくなって、目覚めてきているからなのです。

私たちは、感動して心震えると泣きます。

聖母波動に触れると、自分でも理由がわからずに大号泣する人が本当に多いです。

その感動して心震えるのは、私たちが長い間見失っていた「本当の自分」を見つけた時なのでしょう。

皆、心の深いところで願っています。皆、泣きながら祈っています。

「本来の自分」でありたい、自分のことを大好きになってあげたい、その本当の自分をそのまま素直に表現していきたいと、胸震わせながら祈っています。

その答えと、その自分に戻る優しい道を、女神の時代の澄んだエネルギーは教えてくれます。

私たちの本質は肉体ではなく、本当は肉体を動かしているあたたかいいのちの光です。私たちの「本当の自分」とは、このいのちという内なるものから響いてくる優しい響きであり、それがそのまま表現された時に、私たちはつねに充実した満たされた感覚を、暮らしの中で経験し始めます。

自然体でいられれば、私たちは自分のことが気持ちよくて大好きになれるのです。

ひとつ自分の本質から湧いてくる響きを、心があたたかくなるように、自分がときめくようにと表現できれば、私たちは存在の芯から、たまらないほどの幸せを感じるようになります。生きること自体が充実し、とっても清々しく気持ちよくなれるのです。

夢の狭間で体験した宇宙遊泳と荘厳な静寂

本当の自分に戻っていくために、女神の時代では、現実を導くあらゆる波動とものの見方が変化していきます。

自分がお伝えさせていただくことを、実感を持ってさらに深く理解するためなのでしょう。私は時々、とても不思議な経験をし、私自身のための魂の聖母授業を受けることがあります。

ある日、こんな体験をしました。

気持ちよく眠りについていた私でしたが、ふと気づくと、不思議な震動が自分の中に流れていることに気づき、目を覚ましました。

不思議な震動を感じるウェーブが、体の芯から湧き上がっていて、細やかな震動音をたてながら体の中をめぐっていました。そのウェーブは私の中心から生まれて全身を駆け巡り、一旦足元へ流れたかと思うと、体中を巡りつつ頭部へと到達し、右脳と左脳を、スピードをあげて交互に駆け巡りました。

その瞬間、体が浮くようなふわりとした感覚がしたかと思うと、私を包んでいる大きくてあたたかい慈しみを感じたのです。

その慈愛のような何かに包まれたまま、私は突然スピードをあげて上昇するのを感じました。

そこからは上昇するジェットコースターのように、ただただスピードを感じ、私は様々な次元の層を通過していきました。スピードを感じたり、風を感じたり、私は体感を伴って様々な層を通りぬけてゆきました。


その中でとても印象的で強烈だったのは、最初に通過した層で、一番地球に近い層のようでしたが、そこはとても不快で落ち着かない感覚がする場所でした。

それは地球で聞くありとあらゆる不快な騒音が大音響で同時に響いているようで、おまけにガタガタ、ガガガと、体が揺れて軋《きしみ》みました。

それは小さな車でスピードをあげてデコボコ道を走行しているような不快な不安定さで、とても居心地が悪いと感じたのです。

その不快な感覚を全身で味わいながら、なぜか私はその層が何なのかを知っていました。

それは地球を包んでいる最初の意識層で、人類の「感情カルマ」が集積している集合意識の層だったのです。地球に住む私たちが、この星の暮らしの中で出してしまう、カルマから生じる不快な感情がたまる領域です。

地球に住む私たちが宇宙へと抜けたくても、怖れと執着の感情でからまり、くるくる廻ってしまう場所です。

この層はとても不快でしたが、私はさらに速いスピードでその層を抜けると、次の層、また次の層と、次々にいろんな層を通過していきました。

ひとつ層を通過するごとに、私の感覚はなんだか楽になり、明るい気持ちになり、優しい気持ちになり、穏やかで安らいだ気持ちになっていきました。

そして、その安らぎの感覚が、より神聖さを帯びて、巨大で美しいカテドラルの扉をくぐる時のようにように厳かな気分が湧いたその時、すっと音が消えました。

「しん・・・」という空気の音さえもない・・・。圧倒的な静寂がそこには広がっていたのです。


その時、私は広大な大宇宙に浮かんでいました。

その静けさは不思議な感覚を心に広げ、私はそれまで経験したことのないような深い神聖さで、心がいっぱいになっていきました。自然に心が鎮まってゆきます。

ただただ心に畏敬の念が湧くような、そんな神聖な静寂がそこにはありました。

全くの無音・・・。けれどその静寂の中には、空間の隅々にまでも愛が満ち溢れ、慈しみが行き渡っていたのです。


宇宙空間はとても鮮やかで迫力があって、私は言葉を失うほど感動していました。

全くの無音である宇宙空間の静寂は本当に神々しくて、深い感動が湧いてくる荘厳な世界でした。その静寂に溶けているだけで不思議と愛が湧いてきて、あたたかい力が湧き上がるような気がしました。

なんて荘厳で美しく、あたたかいのかしら。


足元に当たる方に、青く美しい地球が見えていました。

まるで映画のワンシーンのように見える青い地球を、私は感動しながら見つめていたのです。

見下ろす位置に存在していた神々しい地球を見つめていた、その時でした。突然、心にひらめきが湧きました。

「あら?もしかしたら私、今、宇宙遊泳ができるのではないかしら?」

そんな発想が心にひらめくと、今度はわくわくした気持ちに火がついて、なんだか楽しい気持ちになってきました。

そこで、私はうーんと気持ちよく自分の存在を、宇宙のすみずみまで伸ばすようにしてみました。すると、スーッと気持ちよく空を飛ぶような感覚を味わい、楽しくてわくわくしながら、スーッスーッと宇宙遊泳を楽しみ始めたのです。

気持ちが良くて、自由で、爽快！

そんなわくわくした時間をどれくらい楽しんでいたのでしょう。

ふと気がづくと、私は自由になりすぎて、見下ろす位置に見えていた地球を見失っていました。

しかし、どうすればいいのか、なぜかわかっていたので、まったく恐怖はありませんでした。

地球が視野から消えても、私の中に地球とのつながりがあるのを感じられるので、どうすれば帰れるかもわかっていて、さみしさもないし、すべてとつながっていると深い安心感に満たされていました。

しかし、その時・・・。

寂しさとは別に、突然、雷に打たれたような気づきが到来したのです。

「宇宙には、上も下もない。右も左もない。自分という中心があるだけなんだ」

足元に地球がないという、私が肉体に誕生してから初めての経験に気がついたその時。

突然、私の中を強烈なインパクトで「気づき」が走りました。今まで当たり前すぎて見えなかった、大切なことに気づいたのです。

私が地球に生まれて以来、地球に誕生するには肉体という地球服をまといます。

地球に生きている間は、意識しなくても、私の足の下にはいつも地球があってくれました。

私の足の下に地球がないという感覚は、今の人生で初と言えるでしょう。

その当たり前のものを見失ってはじめて、私は気づきました。

今まで当たり前に認識していた感覚は、肉体という器に入っていたからこその、肉体を軸にした理解だったのだと。

今まで私たちが疑うことなく当たり前に使っていた「ものの見方」は、肉体の中から見ていた特有の視点だったのです。

今まで私は地球の上に立つ「肉体」の中にいて、そこから世界を見ていました。私が意識していなくても、私の足元にはいつも地球があってくれました。

その当たり前が、いつの間にか「私のものの見方」になっていたのです。

例えば、私は肉体から世界を見ているから、肉体を軸にすれば、私の体から見て、こちらが右、こちらが左、という左右が存在します。そして、地球には重力があるから、ボールを放ったら浮かばずに床に落ちますね。その落ちるほうが「下」で、頭上が「上」というように、大地の上に立つ肉体には、上下左右という認識が存在します。

だけど、もし私が今の経験のように肉体ではなく、目に見えないエネルギー体ならば、そして地球の中にいなければ、宇宙は無重力ですから、上も下もないのです。

これは本当に衝撃的な気づきでした。

地球で私たちが疑うことなく当たり前に使っていた、あのものの見方、世界観は、地球の肉体という器の中にいたからこその「視点」だったんだと・・・。

「それでは、地球の中で私たちが今まで疑うこともせずに、当たり前に使ってきた、自分はあの人より上とか、あの人より下と感じてしまう、あの『上下』のものの見方、考え方は、重力が作用している地球特有のものだったんだ！

私たちの本質であるいのちの世界では、全く違うものなんだ！」

そう私は気がついたのです。

肉体で生きる地球だけに存在する分離感

これまで私たちが当たり前に感じてきたことは、この重力があるゆえに上下という方向がある「肉体」の中だからこそ捉えられていた、地球特有の感覚でした。

人間とはこういうもので、世界はこのようなものと、誰もが信じていて説明すら必要としない世界観や人生の見方は、肉体の中にいたからこその視点だったのです。

地球にいる私たちは今、肉体に入っていて、その肉体の中から世界を見ています。それゆえ私たちの感性は、自分の本質である魂の見方ではなくて、肉体次元の見方の方が当たり前となっていたのですね。

例えば地球のエネルギー圏の中にいると、重力がありますから、ものを落とせば足元の方へと落ちますね。だから私たちは、ものが落ちる方を下と認識し、空が広がる頭の方を上と認識します。誰もがそれを疑いません。そして、肉体を中心にしているから、左右という認識も生まれます。


けれど、私たちのいのちのふるさとである宇宙では、まるで違っていたのです。

宇宙空間では、本質の自分のみで存在していました。形のない非物質のエネルギーとして存在する時には、上下という認識はなく、そこにあったのはあたたかい秩序から生まれるいのちへの敬意の深さのみだったのです。

重力がないから、宇宙では上下左右はなく、「ここ」という、存在の中心があるのみでした。その自分の中心の中に「地球」も存在し、世界があると、そんな理解が芽生えてきました。私たちの中心には、すべてが存在していたのです。

宇宙とのつながりも、地球とのつながりも、すべての人々とのつながりも、私たちの内にありました。さらに、宇宙では「時間」の認識も地球とは違い、魂には「今」があるだけで、過去も未来も今の中に包み込まれていて、すべてがここにあったのです。

肉体という器をもって、地球の暮らしをしていると、私たちの心は当たり前のように「上下」というものさしを使って、世界を認識しようとします。

あの人より仕事ができるから私は「上ね」とか、あの人はあんなにすごいのに平凡な私は「あの人より下」などと、上下のスケールを使って、心の中で比較しています。

しかし、この上下のスケールは、肉体次元の分離から生じているものだったのです。

このものの見方をしていると、自分が上だと傲慢になるし、自分が下だと劣等感や嫉妬という感情が生まれてきます。このどちらの意識でも、スーッと気持ちよく宇宙までぬけていくことはできないでしょう。このスタンスでは、本当の自分の気持ちよさ、清々《すがすが》しさ、宇宙の愛を感じることはできないでしょう。

「比較」というものの見方が現れるのは、元はひとつだったものが分離している状態の時だけです。相手は自分ではないと感じるものと、向かい合っている時だけです。

つまり、地球の中だけで現れる特有の感じ方だったのです。

私たちが今日まで疑うことなく、当たり前に使ってきた感覚・感性は、物質ルールの影響を受けており、自分のエッセンスから来ているものではなかったのです。

肉体に入り地球で生きていると、心に上がってくる思いもまた、その物質波動の影響を受けています。でもそれは、いのちの本質の当たり前ではなかったのです。

宇宙体で存在していたその時の私には、すべての存在とつながっているという深い安心感がクリアにありました。同時にとても満ち足りた優しい愛の感覚で満ちていました。

自然にそんな気持ちが溢れてくるのです。

だから、私は肉体の器に戻っても、この優しい宇宙意識を忘れたくないと思いました。

地球は今、宇宙からの波動を受けて次元上昇の時を迎えているので、かつてないほど高いエネルギーの影響を受けています。

次元上昇とは、このように物質意識から宇宙意識へと、ものの見方や視点を変えることなのです。

視点が変わると波動が変わり、私たちに影響する暮らしのエネルギーも変わってきます。すでに私たちは肉体を持ちながら、宇宙意識で生きる時代が始まっているのですね。

地球では今、こんな宇宙意識から私たちの暮らしを見つめ直す「新しいものの見方」が生まれ始めています。肉体の視点ではなくて、奥のいのちの視点から世界を見つめ直す、あたたかく高い意識で暮らし始める人が増えています。

だから、今まで私たちが「当たり前」と呼んできたすべてのものが、変わり始めてきているのですね。

優しさとあたたかい愛の感覚

長い間、私たちの多くにとって、この世界はけっして居心地のよいものではありませんでした。むずかしいことがとても多く、幸せになるには、とてもパワーがいると感じてしまう、複雑な世界です。

宇宙には上も下もありませんでした。けれども物質世界では、形が結晶している肉体の中から世界を見るため、私たちは肉体を軸に世界を認識する感覚を使い始めます。

だから現在、私たちにはふたつの自分があると思ってみてください。

肉体の自分と魂（いのち）の自分です。このふたつは重なり合っていて「わたし」を形成しています。

そして、私たちの意識がどこに焦点を当てているかによって、影響してくるエネルギーが違うのです。

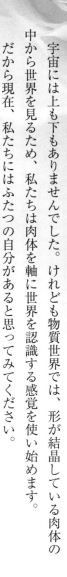

今、私たちのほとんどは、鏡に映るこの肉体を自分だと思っています。
それ以外の自分はないと思っているか、よくわからないと思っているのですね。
そのため、肉体の自分に焦点が当たり、「肉体の次元のバイブレーション」がその人に働いて、その目には肉体の物質波動しか使えなくなってしまいます。
そして、その肉体の次元のバイブレーションというのは、「分離」がベースとなっています。私たちが器として使わせていただいている「肉体」自体が、それをベースとして教えてくれています。

私たちの肉体は、皮膚を境界線として他と離れています。皮膚より外は自分ではなく、皮膚より内が自分です。椅子に座れば椅子と自分との間に境目があるし、皮膚という境界線がはっきりしているから、お洋服とか時計とか、自分が身に受けているものと自分の間にさえ、境目がちゃんとあります。

肉体、物質の波動とは、元はひとつであったものを分けて、離れている次元ですから、「分離」というものが当たり前になっているのですね。

もともと離れているのが当たり前というところから認識がスタートしていますので、この肉体という器に入って久しいと、私たちの深いところは元々つながっていたなんて、すっかり感じなくなって忘れてしまっているのです。

だから、奥に輝いている柔らかくてあたたかいその人の本質よりも、それらを分けている表皮に、その人の外見とか、外側の条件の方に、どうしても先に目がいってしまいます。

例えば、出身はどこか、どんな職業か、どんな学歴か、年齢はいくつか、収入はどれくらいかなど、その人を知ろうとする時に、私たちはよくこのような外側の情報や数字によって、相手を知ろうとします。

人を理解する時に、目に見えるものでしか見なくなるにつれて、私たちは本来の自分の持つパワーと、その人自身が持つ豊かなエネルギーとを見失ってきたのですね。

けれど宇宙時代とは、表皮ではなくて中身にスポットが当たる、あたたかい愛の時代なのです。本当の意味で、人を愛し、その人を理解しようと思ったら、大切なのはその人の職業でも学歴でも、評価を現す数字でもなく、その人の目が輝く場所を知ろうとすることです。

例えば、初めて会った人が、猫が好きで、子猫を抱いた時に可愛くて思わず泣いてしまう人だったとしましょう。

その姿を見たら、何をしている人なのか知らなくても、ただ「優しい人なんだな」とその人がわかる。

また、今日会った人が、一枚の美しい絵の前に何時間でも立っていて、その絵の素晴らしさを語れる人だったならば、「その人は芸術性豊かな表現力のある人なんだな」とわかる。

その人を知ることは、その人の魂を知ることです。それを知るには、その人自身が何を見た時に胸があたたかくなって、何をした時に喜んでくれるのか・・・。

その人がどんな時に笑顔になり、どんな時に涙が溢れるのかを知ることが、その人自身のエネルギーに触れるということなのですね。

履歴書の中に記される情報だけでは、本当のその方のエネルギーに触れることはできないのです。

それと同じように、今までの地球では、ひとつ何かが成功すると、そこからデータを取ってきて、数字で様々なものを予想するということが当たり前となっていましたね。

けれどこれからは、数値やデータを軸にして未来を予測するという、今までのものの見方は崩れてくるでしょう。

世界を導いていくエネルギーが、物事の本質へと向かうため、目に見えないものの動きのほうがすべてとなるからです。つまり、そこに関わる人々の意識の使い方と波動によって、今までのデータでは予測のつかない、あらゆる可能性を表していくためです。

未来は今までの流れの連続ではなく、一瞬一瞬新しく生まれ変わっているため、予想としての心の制限、思い込みという枠が外れて拡大していきますから、今まででは予想もできないような結果を出す人が増えるでしょう。

いのちを中心とした、新しい、けれども本当はとても懐かしいものの見方を、私たちが想い出すにつれ、私たちの心の内側から世界は優しく変わり始めます。あたたかく、優しく、調和が暮らしの中に現れ始め、愛による世界の再構築が始まるのですね。

第四章

宇宙時代の新しい当たり前

日常中心の意識から宇宙意識へ変わる時

「世界が変わるのはいつですか？愛の時代はいつ来ますか？」

こんな質問をいただくことがよくあります。普段、何気なく暮らしていますと、「惑星の次元上昇」という言葉は、あまり馴染みがないとお感じになる方も多いのでしょう。

それは地球のどこか特別なところか、宇宙の彼方で起こっていて、その余波を私たちは受けるものと思っていらっしゃる方が多いのです。

けれども実は、惑星の5次元化、次元上昇とは、外側ではなく私たち一人一人の心の中から始まっているのです。そして、どこか特別な場所ではなく、私たちの日常の中心でそれは起こってくるのです。

惑星が奪い戦う星から、分かち合う愛の星へと進化するのは、特別な人が何かをするというより、その星に住む人々の心が、戦いの意識から、思いやりに溢れたあたたかい愛の意識へと、霊性進化していくことにより、惑星は進化していきます。

上下や見た目で人を測ることがなく、調和の意識で生きている人々のあたたかい意識が、その惑星を美しく光り輝かせていくのですね。

目上、目下、上司、部下など、立場が上だからこうしよう、下だからこうするべき、という見方ではなく、まずその人の人間としての美しさを大切に思う世界。

例えば、会社の中での上司と部下という立場があっても、その肩書きによるのではなく、それぞれがそれぞれの立場による役割をしっかりと果たして、互いの仕事に敬意を持っていけたなら・・・。そこに、宇宙真理があたたかく投影されてきます。

例えば、いのちの世界の秩序が持つあたたかみが、上司と部下として出会った魂の間柄に現れてきます。

宇宙の真理の中には、先に進化してゆく者が、後から来る人々を助け導くという、あたたかなサポートシステムがあります。それは例えば、天の守護の世界にも現れていますね。

それと同じように、先に様々なことを経験している上司は、自分の後から登ってくる人に思いやりを持ち、その能力を大切に引き出してあげよう、守ってあげようと心を尽くす時、大切な絆がその関係の中で成長していきます。そのようなあたたかいものが通い育っているなら、その人は「上司」としての役職名で尊敬されるのではなく、人間として尊敬されるでしょう。

人格や霊格のまばゆさ、美しさが、部下としてふれあう人の心にも通じていくのです。

そうなると、例えその人が会社を離れて、上司と部下の関係が解かれても、通い合うあたたかいものが、二人の関係に自然な秩序を生んでいくのですね。お互いを労わり、それぞれの働きを尊重し合うあたたかく通う心は、会社を離れても消えたりしません。

例えば、その人に助けが必要となった時には、何があっても駆けつけて、ほんの少しでもできることをしたいと思ってくれる、心を向けてもらえるでしょう。

そんな心が人と人との間に育つ時、惑星は進化していくのです。

上司と部下も、親も子も、男性も女性も、互いの仕事や立場の違いを認めながら、互いの存在の素晴らしさを尊重しあい、協力し調和していく時、私たちの暮らしの真ん中から宇宙意識が目覚めていきます。

地球は今、そんな宇宙意識への進化の途上にあります。様々な立場が美しい秩序によって、あたたかく進化していく・・・。

先に行く人が後から来る人を見つめる目が優しくて、後から登る人が先に進む人に、澄んだまっすぐな目を向ける。愛がどの方向にもあふれて通う世界に移行している途中です。

進化の過程で、私たちの暮らしの中に、とても特徴的な兆候が現れてきます。多くの場合、それは不快感を伴う人間関係の変化として現れ、違和感を感じることがあるのです。

例えば、子供を大切に育ててきたお母様の場合、今まではとても仲良しの親子関係で、可愛い子供が自分の元に一番に来てくれていたのに、突然、子供が反抗的になったり友達優先となって、なんだか自分をないがしろにしているように感じ始めたりします。

子供離れをしなくてはならないとわかってはいても、心は強烈な孤独感を感じ、今までにないくらい心が狼狽《ろうばい》したりします。

あるいは、あなたが会社の上司なら、仕事で部下のミスをかばったり、威張らないように、相手がやりやすいようにと心を尽くしたつもりだったのに、敬われるどころが感謝さえされず、むしろ軽んじられバカにされているように感じてしまう。さらに強烈な怒りを感じたり、落ち込んだりします。

あんなにうまくいっていたのに、急に相手から大事にされなくなり、軽んじられているように感じて苦しくなります。人が離れていくように見えたり、周りから自分だけが置いて行かれたような心細さを味わいます。それが嫌だからとコミュニケートしても伝わらず、うまくいきません。

こういうことは、実はあなたの暮らしの真ん中から、次元上昇が始まっている証なのです。これは、今までの地球の物質密度の影響による重力のあるエネルギーが、どんどん上昇して軽くなっていく時によく起こるプロセスです。今までの地球の重力の、ある慣れ親しんだ「上下関係」のパワーバランスの均等が崩れ出したことが原因です。

あたたかい愛が生まれる、「本質」からつながっている関係ではなく、互いに依存しあっていたり、相手は子供だから、あるいは私の方がパワーが上だから、立場が上だから、相手は言うことを聞いて当たり前だと錯覚をしていた時は、その状態で無意識の均衡が保たれていました。けれど、その依存やコントロールが消えていこうとする時、心の底から関係が揺さぶられるのです。

私たちには、「できる人であること」が、「人にやってあげる人であること」が、「点数の取れる人」が、人に認められて優位に立ち「上」に行けると、無意識に自己価値を創っていることがあります。でもそれは、魂にとっては本来のつながり方ではないために、本来の高い意識に戻ろうとする光の影響力が動いてきます。

次元上昇が始まると、今までの立場による上下関係のパワーバランスが、本来の高い愛の意識に戻ろうと揺さぶられ、動き出してくるのですね。しかしこのプロセスは、渦中にあると、強烈に不安で心細い経験です。

暮らしの中で次元上昇が始まると、私たちの暮らしや人間関係の間に流れるエネルギーが、宇宙空間のそれと同じになります。

つまり、上も下もない、無重力の神性なエネルギーです。宇宙の存在感や真理が、そのまま私たちに影響をもたらすようになってきます。

だから、関係の中で心が揺さぶられて、いろいろやっても解決できず、不思議なほどの強烈な苦しさを覚えることがあったら、自分が「上」であることを相手にわからせようとしたり、逆に「下手」に出て、相手に愛してもらおうとしたりしないで、その「上下」の意識を優しく超えていくことが大切です。

上下の意識を超えて、上でも下でもなく、進化するために目指す先はどこかというと、それは自分の存在の「奥」、つまりあなたの中なのです。

外側の人や状況に向かうのではなく、自分の内へと優しく向かうことです。こんな時、一番大切なのは、外の人をわからせようとするのではなくて、自分の源との融合なのです。

大切なのは、自分と自分の源との関係です。

自分の本音、懐かしい本来の自分との関係。それさえつながることができれば、私たちの内側は宇宙とつながっていきます。そうすると、外側ではなく自分の存在の奥から、自分を認めるあたたかいエネルギーが豊かに欲しいだけ流れてくるのです。

自分に必要なあたたかいエネルギーが、すべて内側から流れてきて、自分を上昇する高い意識の地球の人生に、しっかりとグランディングさせてくれます。

自分の自尊心を高めるのに、他人への求めは、本来は不要です。

それゆえに他人を変えようとしなくなるので、自分はもちろんあなたのそばにいる人々も、なんだかあたたかく楽になってきます。

だから、依存を手放し、期待も手放し、こうあってほしいというコントロールもすべて手放したのに、愛する人々は離れるどころか、前よりもっとそばに来ます。そして、心のあたたかいところに触れてきて、関係にヒーリングが起こり始めたりするのですね。

心細さを感じている時は、私たちは自分の源につながっていない時です。他人があなたから離れていくように見えて苦しい時は、私たちは自分の内なる神性とつながっていない時で、自分の源と融合していない時なのです。

外側の関係は、自分と自分の源との関係、本当の自分との調和度が映っているだけです。そこに不安や憤りがあるとしたら、それは自分自身とのあたたかい調和を今、お勉強中なのですね。

だから、それに気がついて、外にではなくて自分の中に、自分の奥にと心を向け直すと、つながるほどに世界が優しくなって、次元をあげていくのですね。地球にいながらにして、宇宙次元で生きる暮らしが始まっていくのです。

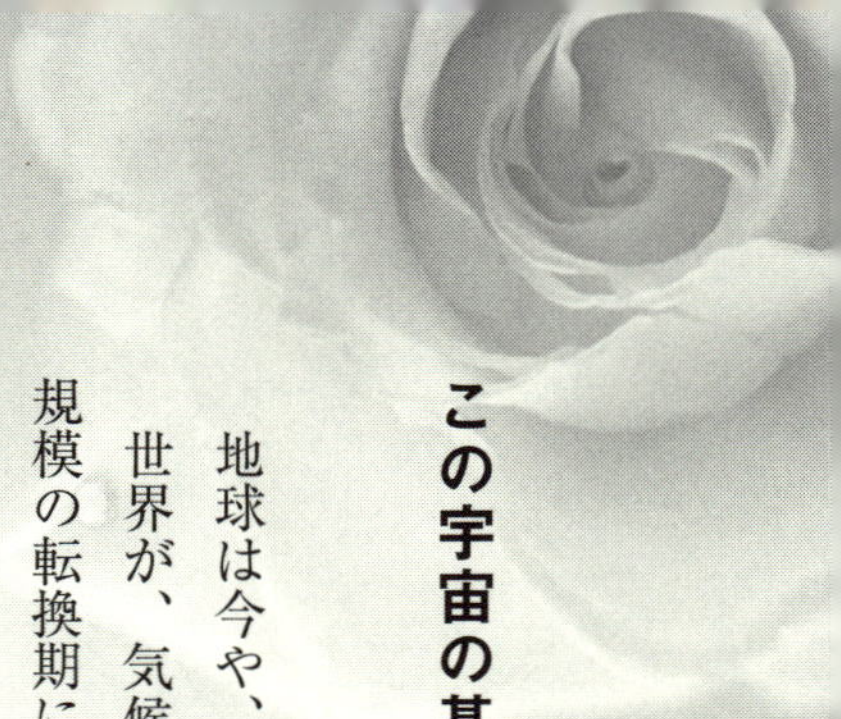

この宇宙の基本である「次元」を理解すること

地球は今や、アセンションという大きな変化の真っただ中にあります。世界が、気候が、私たちの暮らしが、そして私たちの心の在り方が変わってくる、惑星規模の転換期にあります。

惑星の次元上昇は、私たちの日々の暮らしや幸福に直接関わってきますので、基本を理解しておくと、とても幸せに転換できるでしょう。

今までのように、過去のデータによる予測や計算が通用しない時代の中で、私たちが知っておくと安心なのは、まず「次元」というものを理解することだと思います。次元のお話は、実はとても複雑ですが、できるだけわかりやすくお話してみましょう。

・3次元とは慣れ親しんできた物質世界

まず3次元は、今まで私たちが現実と呼んできたステージのことです。

目に見える物質世界の次元です。見て、聞いて、嗅いで、触れて、味わって、「リアル」と信じてきた世界であり、私たちが「当たり前」と呼んできた普通の意識の世界です。

本来3次元とは、元はひとつであったものを分けて見て体験する世界です。誕生した時は「分離」から始まり、「一致（ワンネス）」まで戻っていく体験のエネルギー領域の世界です。

物質の「肉体」という器を通して、いのちが自分を表現し、体験するために、肉眼の目で見る目線が主体になりやすい次元です。

それゆえに、全体を把握するよりは、パーツごとの理解になりやすい心の世界で、自分の立場からの目線で見えるものでしか理解できない、つまりどうしても制限のある、狭い心になりやすい次元なのです。

例えば、不満や文句が生じることで、相手のせいという被害者意識の波動を生みやすく、それにより、波動をさらに下げるので、物質次元にしっかりと根を降ろしていくことになります。

それが際立つと、「この目で見るまで信じない」というように、目に見えるものだけを頼りにしてしまいます。

だから、証明されたものだけしか信じなくなり、考え方がより物質的となり、自分は自分、他人は他人と分離を強くしてしまいます。

バランスがとれれば素敵ですが、バランスがとれないまま偏ってしまいますと、意識が具現化するのがとても遅くなります。「気づいたくらいでは現実が変わるわけがない」と、自分の持っている意識の力の可能性を信頼することが難しくなります。

元はひとつであった私たちのいのちが、別々の器に分かれて入り、深く眠っている時は、自分と自分以外の人がいて、他人は自分とは違うというように「違いを体験する」世界なのです。

けれど本当は、いのちはひとつで響きあっていてつながっており、自分が変わると周りも同時に変わり始めます。

そのいのちの本質に気づくと、私たちの心はつながっていると理解し始めます。人も物も、自分の意識のエネルギーが現れたものだと理解し始めます。

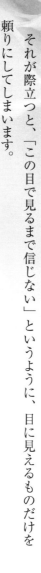

現実を動かしているのが、目に見えない自分の意識だと理解していく次元です。

この基本が理解できると、内なるものを感じ、内なる意識を大切にし始めるので、内なる焦点が物質から「意識」へと向くでしょう。日々、心を美しく磨いていくことの大切さが芽生えて、心を大切にするようになります。

・4次元とは感情エネルギーの世界

4次元とは目に見えない感情エネルギーの世界。心の波の世界です。

アストラル（幽界）世界の宇宙ステーションと言えるかもしれません。

この次元は、様々な次元の魂が入り乱れ、通過していく世界です。

例えるなら、渋谷の交差点のように、様々な意識が同時に行き交い、多様な次元のエネルギーが同時に存在している、そんな次元です。

また4次元は、様々な方角の駅（次元）につながる分岐点のような領域でもあります。

乗り継ぎ場所の駅のように、次に別の次元へ向かうための通過点であり接点です。

私たちが日常使っている感情は、喜び、怒り、悲しみ、嫉妬など、いろいろな模様を表しますが、それらが集まり交差している世界ということが言えるでしょう。つまり、様々な感情が行き交う世界が4次元です。

美しい心を持つ人も、立派な志を持つ人も、心に芯がなくふにゃふにゃな人も、依存心の強い人も、まだまだ迷っている人も同時に行き交う、いのちの交差点のような世界です。

ここは感情エネルギーが行き交う領域なので、地球人である私たちは、この4次元を通過しきる知恵を修めることが、どなたにとっても魂の課題なのですね。

「感情」の行き交う宇宙霊界ですから、渡り方を学ばないと、感情的になり、動物的になって、カオス（混乱）になりがちな次元だからです。

例えば、様々な寺院のご開帳時に、仏様を一目見ようと人が殺到する状況がありますね。それと、4次元はとてもよく似ているといつも感じてしまうのです。

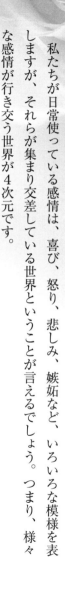

心から信心なさる方も、美しい祈りを持つ方も祈りにきますが、並んでいるそばから横入りする意識の人も、わあわあ泣いている人も、訳もわからず物珍しさだけで来ている人も、同時に行き交っているわけです。

「恐れ」「不安」「嘘」「ごまかし」「虚飾」「優しさに酔うこと」など、負の感情の扱い方をはじめ、感情とは何か、どう扱えばいいかを学んでいないと、揺れに揺れてカオスになり、パニックにもなりやすいのですね。

自らの感情を適切に扱う方法を学び、内なる世界に秩序をもたらすことで、次元が上昇し、4次元のカオスに秩序が生まれて5次元へと上がっていくことになります。

すべての人にとって、この4次元がどうしてもエネルギーがひっかかりやすく、一番の課題です。

4次元を通過して上昇していくためには、感情のクリーニングが必須で、内なる痛みや自分を限定している思い込みを手放す必要があるのです。

この4次元は、優しくなることを頑張っているだけでは越えられない次元なのです。

なぜなら、自分が優しい言い方を心がけていても、自分と同じ痛みや怒りを持っている人の怒りに触れると共鳴して、一緒に怒ってしまうことが起こるのです。

例えば、スピリチュアルなセミナーなどに出て、いい気持ちで瞑想できて、優しい気持ちになって帰宅したのに、家に帰ったら、イライラしているご主人様の態度に、さっきまでの優しさを手放してしまい、つい一緒にカッとしてしまう。さっきまでの優しい気持ちはすっかり消えうせて、奥に潜んだまだ癒されていない怒りが引き出されてしまうので、誰かのイライラした気持ちに引っ張られてしまうのです。

これが4次元の感情にひっかかってしまうということなのです。

なんらかの感情にひっかかること、のまれることで、それは起こります。つまり、感情が癒されていないと、苦しい感情にひっかかってしまうのです。

先ほどの例で言えば、御開帳で祈るために、自分は穏やかな心でそこにいても、ヒステリックに大きな声でどなられたり、横入りされると怒りが出てきますし、人混みの中でイライラし始めたりして、感情にまきこまれてしまうでしょう。

感情とは心の反応であり、実は幻想です。けれど体感はリアルなので、充分に心の癒しを学んでいないと、落ち込んだら感情のくぼみに深く入りこんでしまい、足をとられてしまいます。怒ったら怒りの中に入ってしまい、その状態からなかなか浮上できないので、やり直しになってしまいます。

ですから、この領域を渡るためには、自らの心身の浄化と感情の解放が大きなカギとなります。クリアになっていれば、感情界の波が穏やかに鎮まるからです。

自分の「感情」を責めたり抑圧したり、罰したりするのではなく、自分をあたたかく受けとめてあげることが大事なのですね。優しい愛のエネルギーで受けとめられた時に、感情はあたたかくほどけていくようにできているからです。

自分の中に同じ痛みがなく癒されていれば、周りがイライラしていても、その怒りが自分にひっかからないので、愛を放射しながら周囲を優しく包むことができます。自分をクリスタルのように透明にできれば、感情はすうっと通りぬけていくだけなのです。

・４次元の学びがすべての理解の基礎

４次元は、このようにまだ「混乱（カオス）」はあるものの、不思議な世界や精神世界への玄関口でもあります。この４次元から、私たちは内なる世界、精神世界に上がるのです。カオスでもあるために、４次元はまだまだ低い世界だと理解する方が多いのですが、そうではないのです。

『「４次元」の学びはすべての宇宙をわたる基礎であり、その次元の学びを宇宙はけっして忘れず、尊んでいるのですよ』

かつて聖母意識は、そう教えてくれました。
つまり、宇宙には次元が低いと下にみるという意識がないのです。すべてが大切に扱われ、尊まれ、敬意をもって優しい光の中に包まれてゆきます。

例えば、高波動を放射する美しい次元を〝魂の大学院生〟だとしましょう。

その光の大学院生は、読み書きを習ったばかりの〝魂の小学生〟たちに向かって、「君たちまだ『あいうえお』なんか学んでるの？　次元が低いね」なんて、けっして言わないでしょう。

高い次元では、その学びこそあたたかく包まれ、敬意を払われているのです。

優しくしゃがみこみ、その〝魂の小学生〟と目線をあわせて、「素晴らしい学びをしていますね」と尊んでくださるのが宇宙なのです。

「素晴らしいね。その学びはすべての基礎なんだよ。私たちも『あいうえお』を学んだからこそ、今は難しいと感じる学びを理解できているんだよ。君たちの学びはすべての理解を支える基礎なんだよ」

そんなふうに、にこにこ優しく包まれて、どんな幼い学びをも、けっして恥ずかしめられずに敬意が払われる。それこそが宇宙の愛なのですね。

そんな宇宙の優しさを知ると、この４次元のカオスはマスターしやすく、例え混乱の中にいても、自分がどんな波動で登ればいいのかわかってきます。

一筋の優しい光が道を照らし出し、自らの感情を導く、もう一人の自分の意識があることに気づき始めていきます。

感情そのものが自分ではなく、私たちは感情を体験して学んでいただけだったと気づきます。感情と自分の本質は別物だとわかり始めると、４次元はマスターしやすくなります。

感情にのまれ、まかれると、自分がその感情そのものになってのまれます。

そのような時、聖母意識はこう教えてくれました。

『その感情に合掌し、優しく手を合わせてごらんなさい。
怒りにも、悲しみにも、暴れている心にも、
優しく包み込むように手を合わせて拝んでごらんなさい』

この言葉に従って、私もやってみたことがあるのです。
その瞬間、「手を合わせられるもの」と「手を合わせるもの」とに、「感情」と「自分」が分かれます。すると、感情と自分は別物だと気づけるのです。

例えば、人に腹をたててしまったり、恨んでいたりすると、その感情と自分を同一視してしまい、こんな自分はダメな魂だからと、感情を抑圧し隠したくなります　これが自己否定につながるのです。本当の自分である神性を否定してしまうのですね。

あなたがもしランプだとしたら、本当の自分は中に灯る光で、感情はその光を覆うガラスケースについている曇りのようなものです。

同一視していると、感情と自分の光をごちゃまぜにしてしまい、自分の本性が怒りであり恨みの心だと思えてしまうのです。

そんな時、「ひとつ」に戻るために、まずは一旦感情と神性を離してみるのです。

ハイヤーセルフと感情は別物であり、感情とは学びのために自分を通過していく、流れる雲のようなものだと理解できます。自分がこだわり掴み続けなければ、自然と消えていくものなのですね。

このコツがわかると、感情にふりまわされることがだんだん少なくなっていきます。

なかなか難問ではあるものの、誰もが本当は自分の感情から学び、愛に変えていくことは可能なのです。

「怒り」に、「おちこみ」に、「あきらめる気持ち」にのまれるのではなく、これは何を学ぶために訪れてくれた天の教科書なのかに気づき続けると、自然に心の内側の明度が増して輝いてきます。明るくなってくるのです
感情をマスターするなんて、果てしないように思えるかもしれません。

でも、私たちの感情カルマは無限ではなく、実は有限なのです。

怒りから何を学んだか、ひねくれた心をどう優しく直すか、悲しみをどう感謝に変えるかなど、たくさんあるように見える魂の課題はやがて、実はたったひとつの答えにたどりつくのだと気がつくでしょう。

それは、たくさんあるどんな感情も、たったひとつの「あたたかい愛の宇宙意識」を学ぶためのものだったという優しい真理です。

どんなひどいと思える感情でも、落ち着いてひとつひとつ愛を学べば、ひとつの感情の

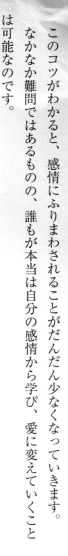

学びを越えるたびに魂は楽になり、あたたかくなり、暗かった心が明るくなり、幸せな気持ちが増してくるでしょう。

私たちが魂の課題を越えるたび、修めるたび、心の世界（4次元）は明るく優しく幸せな波動へと明度をあげて、次なる高い波動に自然に移動し、到達するようになります。

自分が出会うあらゆる感情に「あたたかい愛」という答えを出すたびに、私たちは自分のいのちをどんなことのために使いたいかを、見い出すようになります。

・5次元とは感謝を覚える魂の次元

5次元とは、4次元で出会う感情の学びをひとつひとつマスターし理解し、越える経験をつむことで、自分の魂の行く道を見つけた人の次元です。そして、頭ではなくハートで、感謝を覚える魂の次元です。

口癖のように「ありがとう」をただ言うのではなく、ハートが「ありがとう」と響いて、宇宙に鳴り響くようになった状態の魂の次元です。

愛さなければならない　感謝しなければならないという「ネバナラナイ」で自分を縛る

ことなく、しみじみと潤すようにありがたさがこみあげ、噛み締める光のバイブレーションを見い出した次元です。

頭ではなく、ハートに人生の運転席を明け渡した、あたたかい生き方の次元です。

体験する地球カルマの痛み、怒り、人のせいという思い、被害者意識などを学び終えて、「すべては自分から始まる」と理解した魂の次元です。自分の中のあらゆる分離を、たったひとつの愛という光の意識に統合した時、内側から開けてくる光の次元です。

感情はなくなることはありませんが、現れてもどうすればいいかをマスターしているので、心が澄んできます。自分のスピリットを明確に感じられ、自らの魂が自らを導きだしていきます。

そして、大いなる自己（ハイヤーセルフ）がよりリアルになり始めるのです。

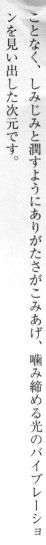

だから、自分がどこに向かおうとしているのか、どうしたいか、心の喜びやときめきが感じられるので、魂の声に忠実に従うことができるようになるのです。

実は4次元までは、人真似が可能で、誰かのうしろについていくことができたのですが、

５次元からはそれは不可能です。

どんなに憧れていても、○○さん風という誰かのオーラをまとって、その人の在り方、その人の好きなものを自分も好きだと錯覚していたりすると、この次元の波動はきつく感じます。敷居が高く感じられるので、つらくなり始めます。

なぜなら、５次元は自分そのものの位置につく次元だからです。

魂にはどんなに似ている雰囲気の方でも、その人固有の波動があります。自分固有の波動と表現を見つけて、広い宇宙の中で、自分の位置についている人が５次元です。自分の魂の進む方向、登る行方を見つけた人の世界ですから、各々がひたすら自らの神性に忠実に動き始めます。ひたむきに、まっすぐに、自分の美しい光を分かち合い始めます。一人ひとりが自分の神性にふれているから、あたたかい愛で世界がいっぱいになります。周りの人にふりまわされることがなく、自分の優しさで世界を創造できるのです。

５次元からは優しさが際立ってきます。この宇宙の次元からは、人の足をひっぱろうとする人、批判を語る人、悪口をいう人はいらっしゃいません。なぜならこの次元は、感情という4次元をマスターした先に広がる世界、愛と感謝がパスポートだからです。

これまでの世界は、良いと悪い、あるいは陰と陽、プラスとマイナス、光と影などのように、すべてが二極に別れて分離をしていました。

5次元とは、それらが胸の前で出会う右手と左手のように、あたたかくひとつになり合掌する、融合、統合、ひとつに昇華していく世界です。だから、優しいのです。すべてが愛なのです。

一方、感情がまだからまっている時は、5次元はきつく、むずかしく、落ち着かないと感じます。でも、それさえも私たちは越えて、優しくなれます。感情から学ぶものを学び終えれば、私たちの魂は自然に、心がどちらに動きたがっているかを感じるようになるのです。

誰かにならずに、「あなた」でいること。「あなた」であること。

あなたはあなたであればこそ、かけがえのない愛の波動を地球に、暮らしにもたらすことができるのです。

愛でひとつに調和する優しい生き方

5次元へ次元が抜けて、あたたかい宇宙時代に入ってきますと、「統合」「和合」「融合」など、ひとつに優しく和合して、元に戻っていく愛の波動が顕著に現れ出してきます。

つまり、離れていたパーツが急速につながり出して、「ひとつ」に戻る優しい作用が働きます。ですから、この領域の次元の波が私たちを潤すようになってきますと、今まではまったく相入れない別物と思っていたものたちにつながっていく、光の糸口を見い出し、気づくようになってきます。

例えば、善と悪はどこまでいっても別々のものだと思っていたのに、「悪く見えること」の中には、「よくなっていくため」の気づきや学びが入っていることに気がついていくのです。だから、つまずいた一見悪く見える経験を責めるのではなく、そこから学び善に波動を上げていき、悪を切り捨てるのではなく気づくことで昇華させ、愛に次元上昇させてゆく、天使の翼のようなパワフルな愛の力が現れ出します。

そうやって自分の中で「よいもの」と「よくないもの」の二極に分けていた心を、「気づき」「学ぶ」という愛の力で統合し、自分の中を調和させてゆきます。そうすることで、愚かさはあたたかい知恵に、痛みは優しい思いやりに、青虫が蝶に昇華していくように心を変容させてあげられるのです。

その統合を学ぶたびに、私たちの心はさらに広く、優しく、自由に、愛に満ちて、心地よくなっていけるのです。

それが実感としてそなわり始める5次元では、本来の「満ち足りたエネルギー」というのを経験し始めるでしょう。宇宙の陰と陽は、本当は離れておらず、つねに共に存在し、同時に満ちてきます。

本来の私達の魂には、本当は欠けているところはないのですね。

完全円満の愛の光

私たちの魂には本来偏りはなく、また欠けているところもありません。私達の魂は本来は、あたたかい神様の優しい光でできているので、完全円満であり、満ち足りているのです。

例えば、陰と陽、プラスとマイナス、男性性と女性性などのように、まるで正反対だと見える質が、同時に存在しているのです。「与えるエネルギー」と「受け取るエネルギー」も、私たちの中では、本当は同時に満ちてくるということ。発信と受信は、同時に起こるのが魂の力なのです。

私たちは与えたと同時に、本当は受け取っています。心のあたたかいところから愛を送れば、愛を送ったと同時に、宇宙からは愛が流れ込んできて、つねに満ち足りていくように魂はできているのですね。

私たちの内側は、心のあたたかいところで宇宙とつながっています。そしてその内面のつながりを通して、一人一人に必要なエネルギーの供給が流れてくるようになっています。ですから、私たちが心をあたたかくして自分の源と調和していれば・・・。本当の自分とつながっていれば・・・。愛を与えたと同時に、あなたの霊性をつたって、宇宙の愛があなたに与えられます。誰かに勇気を与えると、内面を通して宇宙から、同時にあなたのためのエネルギーが入ってきて、勇気が湧いてきます。

「与える」と「受け取る」はいつもワンセットで、あなたから送り出すと、あなたはいつもそれを、自分のためにも受け取るようになっています。宇宙のシステムは、こんな優しさでできているのですね。

源とつながっているところから、愛のエネルギーを送り出す時、そのあたたかい愛を受け取っていくのはまた、自分でもあるのです。だから愛するたびに、私たちは満ちていくのです。

宇宙時代に入ったら、愛することはもはや自己犠牲ではなくなっていきます。お人を助けると、自分が救われていくし、誰かの道を助けると、自分の道が歩きやすくなってきます。愛を送ると同時に、私たちの心のあたたかい場所から宇宙エネルギーが満ちてくるのですね。

私たちは本来、両極が同時に満ちる存在。つねにあたたかく幸福が満ちるようにできているのです。

両極はいつでも準備ができたら同時に満ちるもの

まったく正反対のように思える両極というのは、本当はつながっています。

例えば、涙が止まらないほどの苦い経験が、やがてあなたをあたたかい思いやりの人へと成長させるように、失敗した恥ずかしい経験が、やがて成熟と成長へとつながっていくように、すべてはつながっているのです。濃い闇夜がやがて夜明けを迎え、すがすがしい朝になるように、夜と朝もつながっているのですね。

アクエリアスの時代は、ひとつにつながったところから、現実を生み出すことができる時代です。両方が満ちる、そんな愛のエネルギーの法則が働く時代です。

人間関係にも、この法則は働いています。

私たちの魂は本来、完全円満です。けれど長い間、私たちは自分の中を分離させてきたので、まだ内なる陰と陽が離れたままになっていることが多いのです。ですから宇宙時代になると、私たちの内側でこの内なるプラス極とマイナス極を優しくつないで、エネルギーを通し循環させて、もう一度幸せな完全円満に戻していく愛の経験が運ばれることがあります。

例えば、あなたの大切な人がいて、その人とあなたは何でも話せると思っていたのに、ふと気づけば、その大切な人は違う人にばかりいろんなお話をしていて、あなたには何も話してくれていないと感じたとしましょう。

「なんで話してくれないの？」「どうして私に言ってくれないの？」と、相手が大好きだからこそ、不安になったりもします。だからつい、言ってくれないことに対して怒りの念が湧いて、相手を責めてしまうこともありますね。でもそんな時こそ心をあたたかくして自分に向かい、優しく気づいてあげる必要があるのです。

もしかしたらあなたに、本当の相手を受け入れる準備ができていなかったのかもしれません。本当の意味で、愛する人と向き合う準備ができていなかったのかもしれません。

相手と向き合うということは、実は自分と向き合うということだからです。自分の日陰になっている心に、向き合うことでもあるのです。

そのことを、あなたの深い心は実は気づいていて、無意識に恐れていることもあります。

けれど、相手を救うことは自分を救うことであり、相手を受止めることは自分を受止めることでもあるのです。だからもし、あなたの中に愛が生まれて、どんなものも受け止めていこうと心が決まり、受信体制が整うと、しばしば美しいヒーリングが起き始めます。あなたの心の深いところに、あたたかい愛による覚悟が定まって、心の優しい場所に『聞く姿勢』が整うと、あなたの中にそれが生まれたと同時に、相手の心の中にも「なんだか話したい。素直に話してみたい」という『話す姿勢』が生まれてきます。

互いの心の中に、同時にプラスとマイナスが生まれて、幸せな循環が始まるのです。

また、「どうしてあの人はいつも、私に無理難題を言ってくるのだろう」と、密かな腹立ちを抱える誰かがいらっしゃるなら、その時には気づいてあげてください。
あなたの中に、自分の気持ちを大切にしてあげるという、自分自身への優しさがまだ定まっていないので、それが起こっています。

でももしも、自分の気持ちを大切にして、押し切られそうになっても、はっきりと愛を持ってノーと言える勇気があなたの中に目覚めると、相手の中からも、あなたに無理を言いたくなる気持ちが消えていきます。ノーと言える人になった時、ノーと言わなければならなくなる環境が消えていきます。

それはあなたの中で、「自分のエネルギーを大切に扱おう」「自分を愛そう」と思う優しい覚悟が芽生えるので、相手の中にもおのずと、「人を愛そう」「人に思いやりを持とう」とする泉を目覚めさせるからなのです。

何かにイライラさせられっぱなしの時は、優しく心を開き、気づいていきたいですね。

もしあなたがイライラするのをやめた時、相手の中からも、あなたをイライラさせる原因が同時に消えてしまいます。

あなたから罪悪感が消えた時、誰かの心の中からも、あなたを責める気持ちが優しく溶けてしまうでしょう。

私たちに愛を受け取る準備ができた時、世界はあたたかい愛でいっぱいに満ちるのですね。

第五章

宇宙的な自分の愛し方

私たちはエネルギーであり響きであり波動です

「わたし」という存在は、宇宙に誕生した時から、すでに自分の存在特有のバイブレーションを持っています。そのバイブレーションというのは、自分という存在の中心から湧き、優しい波紋として周りに影響を与え、互いに関わり合いながら広がります。

「存在する」という響きは、自分の真ん中から響いてきて、ただその響きのままで、この世界を構成する一細胞として大切な役割を果たしています。

つまり、私は私の中心から湧いてくる波動のままで、あなたはあなたの中心から湧いてくる波動のままで、互いに影響を与えあい、世界を創造しているのです。

私たちは肉体ではなく、肉体を動かしているこの「存在」のエネルギーそのものなのですね。いのちというのは、深いところでつながっていて、互いに響き合い、関わり合っている存在です。私たちは全体の一部なのです。集合意識という全体のひとかけらです。

その自分というかけらは、自分らしさという波動の形があると思ってください。

例えば、人には一人一人「感じ方」の違いがありますね。これが好き、これに惹かれる、こういう感じがいい、でもこれは好きじゃない、これは嫌だな、など・・・。好きと感じるものをひとつひとつ挙げてみて、好きではないと感じるものを無理しないで手放していくと、あなたらしいバイブレーションの形ができあがります。

それが、「あなたらしさ」という、存在するだけで世界に貢献できる本来のバイブレーションなのですね。

でも私たちは、お人の期待に応えようと無理して相手に合わせていたり、遠慮して自分を出せなかったり、本当はやりたくないことを無理してやっていたり、また逆に自信のなさの裏返しで出過ぎていたりするので、魂は不自然な「本来のあなた」の波動の形ではなくなっているのです。

そうすると今、あなたというかけらの形は、本来出ているはずのものが出ておらず、また出なくていいところが出ていたり歪んでいたりするために、本来の形ではなくなっています。だから、合うはずの形が合わず、周りと摩擦を起こしたりぶつかってしまうのです。

もし、あなたがあなたの元の波動のままで、素直で心地のいいあなた本来の形のままを生きていたら、その時は全体とピタリと一致し、調和するようになっています。けれど、自然な自分を否定して、本来の自分に抵抗していると、世界が少しずつずれて調和しなくなるのです。

一人が本当の自分から湧く真ん中の響きをそのまま現すと、そこから湧く真実の波動は、周りにも共鳴をもたらします。自分の中心から湧く澄んだ幸せなエネルギーは、周りの人の中心にも直接響いて、皆が本来の波動を思い出す助けになることができるのです。

それはこの世界に、優しさと調和をもたらすのです。自然な自分らしさに戻ることは、誰もがこの世界を構成するための自分の位置につくことですから、調和してゆくのですね。だから気づいた人から、本当の自分を生き、日常の暮らしの中から自分の響きを表せば、苦しみがあった場所が自然に調和して直されてゆきます。つまり、私たちが本当の自分を愛し大切にすることは、自分だけでなく皆を幸せにしていくことにつながるのですね。

頭からハートへチャンネルを切り替えましょう

私たちは深いところで響き合い、つながっています。だから、「自分に深くつながり、愛すること」を学ぶことは、自分も他人も同時に調和して幸せになっていく優しい生き方なのです。

あなたが本当の自分として持っている響きと、周りの人の本当の自分の響きとは、同じものはひとつとしてありません。でもそれでいて、互いのピースの形がピタリとはまって調和するように、宇宙はできているのですね。

そのナチュラルで気持ちのいい生き方を現すには、より深いところに震動する「宇宙的な自分の愛し方」を学ぶことが、これからはとても大切となってくるでしょう。

私たちが本当の自分の波動を見つけると、存在の中心からあたたかいヒーリングが始まります。それはたとえ、日常のさりげない出来事の中で起きるどんなささやかなことであっても、全体に美しい影響を及ぼすのです。

自分を愛することは、世界をお包みし、優しく救うことにつながります。私たちの中に在る真実の波動を愛することは、世界を癒すことなのですね。

私たちが本当の自分を取り戻し、愛するために最初に始めること。それは、私たちの誰もが持つ、「感じる」という力を取り戻してゆくことです。

今、私たちの多くは、人に合わせていたり、やりたくないことを我慢していたり、人に認められるために多くの時間を費やしているので、自分を感じるというよりは、いろんな計算をしたり思考をしなければならなくなっています。そうすると、私たちは思考ばかりを使い、頭ばかりを使って、ハートは眠っていくのですね。

そこに気がついて、意識的に頭からハートに感覚を取り戻すようになりますと、私たちの中を流れるエネルギーの質が変わり、私たちの愛とワンネスが息を吹き返し、甦り始めるようになります。

ぜひ、ハートに耳を傾けてあげましょう。

あなたは今、どんな感覚を感じていらっしゃるでしょうか？

胸の感覚はあたたかいですか？　やわらかい感じがしますか？

ぴたりと腑に落ちた感じがしますか？　すっきりしていますか？

それとも何かがひっかかっている感じがしますか？

「自分を愛する」という言葉はよく耳にしていますが、どうすることが自分を愛することなのか、わからない方も多いのではないでしょうか。

自分への愛を贈ることの最初のステップは、自分の心が「心地いい」と感じる感覚をちゃんと感じてあげて、自分のハートに気持ちのよいエネルギーを流してあげることなのです。

私はこのことを知ってから、「自分の内側を満たすこと」を大切にするようになりました。

「自分は何をしている時に幸せな波動を感じているだろう」

「小さくてもいい、自分の胸から安らぎのエネルギーが出るのはどんな時だろう」

と、一瞬一瞬自分に問いかけるようになりました。

私の胸に安らぎをもたらしてくれるもの・・・。

例えばそれは、珈琲ブレイクの時に、何気なく飲んでいた珈琲のその香ばしい香りをゆったりと味わう、そんなささやかな時間でした。

私はかつて喫茶店をやっていたせいか、珈琲をいれるお湯の音や、ふわりと立ち上る湯気にほっとして、なんとも言えない安らぎを感じるのです。

何気なく飲んでいた珈琲にふと心を開いて意識を向け、ハートで香りを味わってみると、コーヒーの香りを通して、胸の中心からほっとする幸せな気持ちが全身へ広がってゆきました。

このような時に感じるほっとする安らぎの感覚こそが、「波動」でありエネルギーです。

それを十分に感じてあげると、ハートには心地いいエネルギーが溢れ出します。

この心地よさを感じてあげること。

これこそが「自分を愛し、自分に愛を注いでいる瞬間」でした。行動としてはただ珈琲を飲んでいるだけですが、それはもはや珈琲ではなく、それを通して安らぎの波動を、自分の胸に流しているのですね。

こんな時は、我慢でも妥協でもなく、安らぎの波動を選んでいるのです。

その時自分の胸に聞いて、一番望むものを選ぶことは、「波動」を選ぶことだったのです。

また、とても暖かいと感じる日は、柔らかい土の上や、ちょうどよくお日様で温められた石の上を、裸足で歩いてみました。「石があたたかい、土がひんやりしている」などと、足の裏の皮膚感覚で地球を感じるように、土や石の感触を味わい、ハートで感じてみました。

「なんて気持ちいいんだろう。なんてほっとするんだろう」

ハートを開いてそのフィーリングを感じてあげると、いのちは震動するのです。

ほっとする、幸せな気持ちを感じる、いい感じ、あたたかい感じなど・・・。そんな好きな感覚を自分に感じさせてあげる時、私たちは自分に愛の波動を注いでいるのです。

あたたかい愛のエネルギー、喜びのエネルギーが、自分の中に流れ込むたびに、私は幸福になっていきました。私はどんどん自分の望む方向で、満たされる嬉しい現実を引き寄せるようになっていきました。

こんなさりげないことでも、自分の胸から心地いいエネルギーが自然に出るものを繰り返し選んでいると、その波動によって現実は変わってくるのですね。

まず波動を整えましょう

自分を本当の自分へと戻していくために必要なのは、「感じる力」を取り戻すことです。

私たちの五感を開いていくことです。

なぜなら、本来私たちは肉体ではなくエネルギー体ですから、本体は波動そのものだからです。

私たちの暮らしは本来、行動によって成り立っていると見えがちですが、本当は「波動」によって成り立っています。

行動を形作るのは「波動」だからです。


私たちの現実として経験される「波動」もまた、まず響きが生まれ、その波が肉体を持った私たちの内側を通すことで、波動が物的な波に転換されて、私たちの望みは現実となり具現化してきます。

波動としてのエネルギーを、肉体を持った私たちの中を通してあげることが大切なのですね。

それが、現実を創造する『聖母の創造原理』なのです。

私たちの体を高感度のアンテナにしてあげると、そこに受信し、自分の中に通ってきた波動が、少し時間差は伴いますが、私たちの現実となり、その波動を私たちはリアルに経験するのです。

例えば、あなたの体の輪郭を心の中でなぞるようにして、意識してみてください。

あなたのいのちの器である体の形が、ここにあります。

この体の輪郭の内側に響かせた波動は、やがてあなたの現実となって現れるのです。

私たちの体は、エネルギーを響かせる共鳴管なのです。この「体」という媒体に響かせた波動は、やがてそれと同じ波動の現実を生み出していきます。私たちの現実は、私たちの内側に流れているエネルギーが顕れた結果の世界なのですね。

私たちは自分お腹にどんな波動（感覚）を通してあげるか、響かせてあげるかで、体験する現実を選ぶことができるのです。

これが聖母の創造原理なのですね。私たちは自らの現実を選び、生み出す力を持っているのです。

心地いい波動を選ぶことが自分を愛する第一歩です

体はエネルギーを響かせ、現実へと通す共鳴管だとしたら、波動を体に響かせるにはどうしたらよいのでしょう。

体という共鳴管に、響かせるための波動を入れる、そのための入り口が私たちの体には5つあります。それが五感です。

「視覚」「聴覚」「臭覚」「味覚」「触覚」の5つです。「みる」「きく」「かぐ」「あじわう」「ふれる」、この五感から入る感覚的な情報が、私たちの内側に鳴り響くと、それが波動となり、やがて私たちの現実となるのですね。

五感から入ってくる幸せな感覚をハートで感じてみて、ハートで味わってみましょう。

けれど、どんなフィーリングが自分にとって心地いいと感じるのかは、人それぞれ違いますね。好みは皆、違いますから・・・。

ですから、「自分が何を好きと感じているか」「何をしている時にワクワクするのか」を、ちゃんと感じてあげることが大切なのです。

私たちは大事に生きているつもりでも、一日がとっても早いものです。ご飯を食べても、お風呂に入っても、「おいしかった」「気持ちよかった」と、さらりと流れてしまいます。だけどそんな時、日常の一瞬一瞬で意識して心を開き、ハートを開いて、ひとつひとつの食事の味や香りを慈しむようにハートで味わったり、湯船に入る時に肌が感じる天国の気分を、ちゃんとハートで味わうようにします。

そうすると、「おいしい」「さっぱりする」「ほっとする」「いい気持ち」「あたたかくなる」「幸せになる」など、天国的なフィーリングをハートに届けることができるでしょう。

ハートを開いて、それら五感から入ってくるフィーリングを感じてあげると、いのちには、おいしさや幸せがジーンと震動するのです。

じんわりあったかくて気持ちいい、逆にひんやりして気持ちいいなど、この心があたたかくなる「気持ちいい」という感覚がポイントですね。

自分の胸から、いい波動が溢れ出すために、五感を使って素敵な感覚を自分の内に響かせていくと、私たちは内側がどんどん満たされるのです。

五感を幸せにして、ハートの居心地をよくしてあげると、それは自分自身に愛を注いでいることと同じなのです。だから、芯から自分が満たされてくるのですね。

自分の五感を居心地よくしてあげると、私たちは自分の優しさで、自分の内側を満たしていくことができるのです。そして、自分の内側が満たされて、内なる波動があたたかく豊かに整うと、その奥に固く眠っていた宇宙意識が、優しく目を覚まし始めます。

ハートを居心地よくしてあげましょう。ハートの居心地はそのまま、その後の現実の居心地になっていくからです。

頭は「考えること」ハートは「感じること」が仕事です

私たちは今、本当の自分に還る優しい生き方を始めるのに、最適な宇宙のタイミングの中を生きています。私たちは自分にとっての真実を、本当は知っているのですね。

「本当の自分」「本来のあなたらしさ」に戻るということはどういうことかと言いますと、本当に望む人生を生きられるということなのです。

いつの間にか、私たちは本当の自分を隠した生き方に慣れていて、我慢が日常にあるのが自然であり、日常に不快があるのが当たり前だと思っています。

朝、疲れて目を覚ますのが当たり前で、人生にストレスがあるのが当たり前、悩みがあるのは当たり前だと無意識に受け入れています。

けれど、私たちの「真実の自分」から見ると、今私たちが当たり前だと思っていることの方が、本当は不自然だったのですね。

自分が毎日ワクワクして、胸がはちきれそうなくらいに人生にときめいて、毎朝、目覚めるのが楽しくて、ひとつ行動するたびに満たされて、充実し満ちたりている・・・。そんな現実を生き、想像する方がいのちにとっては、ナチュラルなのですね。

頭でわかっていることと、ハートで味わっていることは違いますので、現実を生み出す波動になるのは、ハートの響きの方です。

例えば、「感謝は人生の道を開く素晴らしい力である」ということは、誰もが知っていらっしゃるでしょう。だから、スピリチュアルに目覚めた人は、感謝が大切と知識で知りますし、目覚めた人は感謝が溢れていると学びます。素晴らしい真理の本には、必ず「感謝が大切」と書いてありますものね。

だから「ありがとう」「ありがとうございます」が口癖になっていきます。

でも感謝しているのに、ありがとうと言っているのに、お金に困ったり、状況に困ったりすることがあります。けれどやっぱり誰に聞いても、何を読んでも「感謝が大切」「感謝は道を開く」と言われるでしょう。

だから、「もうやっています。感謝はしています」と答えるその時、そっと立ち止まってみましょう。

お金につまる、人間関係がスムーズではなくつまる、人生のどこかがうまく行かずつまるのは、ハートがつまっている時だからです。

「ありがとう」と声は出ています。でも、ハートが感謝を味わっていなくて、あたたかい幸せを見つけていない・・・。ハートが歌っていないのです。

言葉にする前に、ハートが感謝であたたかくなっていなかったのですね。

頭で知っているだけでは、現実はかたくなり動きません。けれど、ハートが味わい、ハートから溢れた幸せ感は波動となり、現実をやわらかくして動かしてゆきます。

だから、自分の感じ方を「頭」から「ハート」にシフトしてあげることが必須なのですね。

ハートのセンサーを信頼しましょう

私たちのハートは、自分を導いていくあたたかい力を持っています。あなたの中には、あなた特有の「感覚」があって、内側を流れるせせらぎのように、あなたらしさが流れています。

その「あなたらしさ」にふれ、その響きを見つけると、あなたの内なるセンサーは「心地よい」と感じ、嬉しくなるようにできています。

何かの形に、経験に、存在の仕方に「自分らしさ」を見つけると、あなたの内面は、幸せなため息や内的な感動と共に、深い充実感に満たされるでしょう。

気持ちいい、楽しい、惹かれる、大好きと、そう感じられるのは、そこに、あなたが生まれる前に持ってきた、あなた本来の波動があるからです。

「あなたらしさ」

それは、響きであり波動なので、形ある物質から、色彩から、行動の仕方から、魂の傾向まで、すべてのものの中を流れています。

それに身をまかせ、大好きだと感じる心地よさに 心を開放できれば、いのちは、くつろぐと同時に、内なる光の波動と、今のあなたが一致し、エネルギーが流れて あなたがいるべき場所へ、するべきことがある場所へ、受けとる幸せが溢れる場所へ、自然にあなたを連れていってくれるのです。

でも、時にあなたが周りの目を気にして 自分の好きなことを我慢したり、本当はそうしたいのに、周りに合わせて自分の好きなものを選ばなかったり・・・。あるいは、惹かれているのに、恥ずかしいから、面倒だからと、自分の中を流れるものに素直になれないと、とたんに現実は難しくなります。心が渇いて、ときめかなくなります。幸せの流れが止まるのです。

そういう時は、滑らかではなくて、力を入れて頑張らないと、幸せはこなくなります。

あなたのいのちは、あなたの流れの向きを知っています。それに素直になるだけでいいのです。好きなものに好きだと感じていることに、素直になってあげましょう。

あなたの魂にフィットするものを、あなたのハートは答えています。

今、何を食べ、どこに行き、何を話せばいいか、何をすればいいか。

右の道と左の道、右のものと左のもの、どちらが自分の魂に合っているのか・・・。あなたのハートは知っています。

だからいつも、どんなささやかなことでも、あなたのハートに尋ねる習慣を持ってみませんか？


例えば、アイスティーがいいかアイスコーヒーがいいか迷ったら、それぞれ飲んでいるところをイメージし、その時のハートの反応を感じてみましょう。

イメージでそれをしているところを感じてみた時、ハートの感覚をとらえてみてください。例えば・・・。


ハートが光る気がする。あたたかくなる。

ぴたっとフィットするように感じる。体の緊張がふわっとゆるむ。

どんなふうに現れるフィーリングでも、「いい感じ」がするものは、あなたのハートが「イエス」と答えているのです。

けれど逆に、胸がぐっとつまる、かたくなる、不安になる、体に力が入る、いい感じがしない、ぱっとしないなど、心が華やがない反応は、ハートにとって「ノー」なのです。

どちらの選択肢も同じような反応で、ぼんやりしていて特に感じられない場合は、どちらでもないのかもしれません。ハートがイエスという以外の可能性があるのかもしれません。

もし現実的に、ふたつの選択肢しかないのなら、イメージを通してハートに聞いてみて、「どちらかと言えばこちらかな?」という方を選んでみます。

わからない時、わかりづらい時は、感覚に心を凝らして、とりあえず選んで行動してみること。

実際に選んだものを、飲んでみたり、食べてみたり、やってみたりすると、「やっぱりこれでよかった」あるいは「少し違ったかな」と気づくものがあるはずです。

それを繰り返していくと、だんだん感覚のアンテナが反応してきます。迷うことがなくなり、直感的な選択が上手になってくるでしょう。

自分のハートに聴いて、ハートに耳を澄まし、ハートに注目して選ぶこと。

わずかな時間でも、ささやかな事柄でも、この習慣を繰り返すと、心の奥のアンテナは感度を増してきます。

耳を傾けるほど、意識を向けるほど、ハートの感覚は甦ってきます。

苦しくてあたたかくなれない時は少しずつ波動をあげましょう

私たちのぬくもりが通い、あたたかくなるのは、私たちの内なるものが宇宙につながっている時です。私たち心の内側が宇宙の愛にふれている時、プラス局とマイナス局がつながって電流が流れるように、心にはあたたかさが通うのです。

私たちの心があたたかくなるのは、私たちの霊性と宇宙の源との再接続が行われている時なのですね。

心があたたかいと、私たちの霊性はそのままで、ソースである宇宙の愛にあたたかく戻っていきます。

けれど時に、私たちは悩みが心に重くのしかかってくることがありますし、今苦しんでいることの答えや解決の糸口が見えず、心がガチガチに硬くなってしまうことがありますね。心に不満がいっぱいで、文句が口から溢れて苦しい時、思い悩んでどうしても心をあたたかくできない時というのが、どなたにもあるものです。

悩み、戸惑い、不満で心がいっぱいの時は、本当の自分の声もハートの感覚も感じられないでしょう。こんな時は、アンテナの角度が本来のあなたの方を向いていないので、アンテナを少しずらして、角度を少し変えることが大切です。

心に不満がいっぱいの時は、波動が硬くなっている時です。だから体もコチコチで、心も硬くなっていることが多く、ハートも動けなくなっているのです。

だからこんな時は、不満を持ったままで構わないので、今よりほんのすこしだけ心がほっとして、さっきよりほんの少しだけ心があたたかくなれることに、意識を向けてみましょう。アンテナの角度を変えるように、少しずつ波動を変えてゆきます。

まださっきまでの嫌な気持ちは残っているけれど、さっきよりは心がちょっとほっこりできた・・・。それくらいのぬくもりでいいので、あなたの内側に柔らかい波動を創り出してみましょう。

例えば、体がガチガチなら、ほんの数分だけでもマッサージでほぐしてもらったり、一時休憩してお菓子でもつまんで、美味しいお茶を飲むなどの、小さなほっこりでいいのです。そのほっとする感覚、小さなあたたかみで少しずつ違いを作って、あなたの波動を上げていきます。

不満やストレスがあって、ハートの感覚が感じられなくなり、完全に満たされた気持ちになれなかったとしても、今よりほんの少しだけ、あなたの気持ちをほっとさせてあげることはできるでしょう。

愛の気持ちに今すぐ移行はできなくても、苦しみから少しだけ光の方へ、波動をずらすことはできるでしょう。

最悪な気分から、少しだけほっとする方へ、少しだけ気持ちが楽になる方へ、心をほっこりさせてみましょう。

そのかすかな安らぎが、ゆっくりとあなたの波動を上げ、源へとつなげてくれます。

不満で心がいっぱいの時も、アンテナを伸ばして、よりほっとして、より優しいものを感知しようとするほどに、感覚は甦ってくるでしょう。

あなたの仕事はあなた自身のあたたかさに還ることです

自分の感覚を甦らせて、内なるものを大切にする本来の優しい生き方を始めると、今までの古いエネルギーを越えていく過程で、大切なレッスンが訪れる時があります。

感覚を甦らせて、波動を大切に生き始めて、自分を愛し始めると、自分との調和が深まるにつれ、そのレッスンは現れます。

それは、真理の軸がわかりかけてきているけれど、まだ完全には自分のものになっていない時あたりに、よく訪れる関門です。

例えばそれは、人間関係の学びという姿でやってきます。例えばあなたと周りの人々の考え方や価値観の違いが浮き彫りとなってきて、わかりあえず、強烈に嫌な気持ちを味わったりするのです。

誰かからあなたの考え方を否定されたりすることもありますし、またあなたの方が同じ新しい考え方をしていない人々に嫌気がさし、イライラさせられたりすることもあります。

目覚めのプロセス時には、この状態はよく起こることですが、実はこれは、あなたの波動が上昇し始めている時なのです。

自分が感じている素晴らしい気持ちや新しい考えを理解されない・・・。それだけならまだいいけれど、バカにされたり悪く言われたりします。実際、人が離れていくこともあります。経験すると、心細くとてもきつい経験です。

けれど、表面の自分のきつさと心細さとは裏腹に、魂の方はかなり高い次元にふれ始めていて、とても美しく輝き出しています。本当の愛の次元にいる、本当の自分自身にふれ始めているのですね。

これは、自分を解き放つレッスンで、より広い意味での自分自身を開いていきます。

私たちの表面の心は、相手と違うことを怖れるでしょう。

だから自分と同じでいてもらいたいと頑張ってしまいます。自分の考えを否定されると、自分の見つけた美しい感覚が消されてしまい、失ってしまう気がするんですよね。

でもそれは、幻想なのです。

誰かが否定しても、また逆に誰かが賛成しても、あなたが見つけたものは減りも増えもしません。最初に見つけた時と少しも変わらずに澄み切ったまま、こんこんと泉のように満ち溢れています。

外側の条件に、あなたの内側の経験は影響を受けることはないのです。

相手の態度が変わっても変わらなくても、あなたの中の光は少しも影響を受けることはないのですね。

あなたの真実は、みじんも色あせることはありません。

だから、目の前の人があなたと違う考えを持っていても、あなたと違う感じ方をしていても、怖がらないで優しく受け入れ、尊重してあげてください。

あなたとは違っても、その人のイエス・ノーを、私はこう感じるという感覚を、そのままでいさせてあげてください。相手の考えを尊重して、守ってあげてください。

あなたと同じ考えに、相手を変えさせようとするのを、優しくやめてあげてください。

自分がハートの声を大切にするように、相手のハートの声をも大切にしてあげるのです。

違いがあっても、大丈夫なのだと知っていてくださいね。

不思議なことに、お人を変えようとする気持ちが、私たちの中から優しく消えていくと、相手の中からも、こちらを変えようとする気持ちが、優しく消えていきます。

だから違ったままでも、私たちは互いに多様性を認め、近づくことができるのです。

私たちが誰かを責めなくなり、説得してわからせようとする強い気持ちを手放すと、不思議と相手の中からは、思いやりと優しさが生まれるようになります。

相手を押すと相手もこちらを押してきますが、相手に優しい息をさせてあげると、相手もこちらに優しい息をさせてくれるようになります。

違っていてもいいんだ・・・。違っていても、私たちはつながれる。

その春の日差しのような優しい真理を覚えるほどに、そのままで私たちはつながれます。

誰かを自由にしてあげて、誰かの心に生まれた感覚を、そのままでいさせてあげるほどに、私たちは自分の本来のエネルギーを取り戻していきます。

私は私のままでいて、多様性にはあたたかく手を合わせる、そんな優しさを育てると、私たちは幸せなまま、宇宙意識へと回帰していきます。


私たちのそばに、愛は増えていくのです。

自分とつながり、自分を愛するごとに、世界にも幸せと愛があたたかく広がっていくのですね。
そう、世界もまた、美しい自分の姿なのです。

第六章

あたたかく優しい調和の星へ

マドンナチャイルド〜聖母界の子供たち

私は街を歩いていると、時々とても強い視線で穴があくほど見つめられることがあります。その視線は、乳母車の中から、お母様に抱っこやおんぶされた赤ちゃんから、手をひかれたかわいらしい瞳から届いてきました。

こちらがちょっと恥ずかしくなるくらい、真剣に、一生懸命、私を見つめてくるのです。

赤ちゃんや子供たちが、あまりにもまっすぐに強烈な瞳で私を見つめるもので、気がついたお母様たちから、「すみません」と謝られることもあります。

私は思わず微笑み、手をふりながら、心の中でいつもそっと話しかけるのです。

『聖母界ご出身ですか？ ようこそ地球へ。先発隊の私もがんばっていますよ』

私はこういう子供たちをいつしか、「マドンナチャイルド」とお呼びするようになりました。

人は皆、何らかの役割を持って生まれてきますが、どの星、どの宇宙領域から生まれてくるか、どの宇宙光線にのって地球へ降りてくるかで、それぞれ地球でのお仕事が違うのだそうです。

最近、大変増えているのは、優しいお星様から、あるいはとても優しい慈愛の領域から、愛に向かう地球の霊的進化と次元上昇をお手伝いするためにやってくる子供たちです。

彼らは、新しい時代を担うために生まれ、優しさを使命としています。

そのような子供たちの中で、聖母界出身の魂たちが、このところ目立つようになりました。愛と調和の感覚を持ち、とても優しくて、肉体に入ったまま、宇宙の感覚で世界を把握しています。繊細でふわふわとしていて、可愛らしい小さな賢者です。

私が手帳に挟んで 大事にしているお手紙があります。

色鉛筆で描いたチューリップの絵と、たぶん私を描いてくれたらしいかわいい絵と共に、たどたどしい文字で、もったいないほどステキなメッセージが書かれていました。

「あみさん、いつもわらっていてすてきですね」
「あみさん、あなたがはなしだすと、わたしの心が おちつきます」
「あみさん、ひかってるみたい。あなたがひかってると、わたしはほっとします」

小さな子が一生懸命書いてくれたお手紙。かわいいメモ帳に綴ってくれたかわいい文字と絵を、お母様が私に届けてくれました。

私はそのお手紙の優しさに、本当に心動かされ、とても励まされた気がしたのです。

「この優しい子供たちが生きやすい、働きやすい地球となりますように、この星の優しい意識をひらくために頑張ろう」

そう祈りました。

その気持ちを忘れないように、時々このかわいいお手紙をひらいては、優しい子供たちのために何ができるだろうかと、祈りを捧げています。

そのせいでしょうか。今までの地球にはいなかった、天使のようなやわらかさを持つ子供たちに、よく出会うようになりました。

彼らは、源の聖母界から地球に生まれてきたやわらかい魂たちです。故郷の世界の優しさ、あたたかさ、やわらかさ、包容力、そして清らかさを地球に広めるために生まれてきました。

彼らは、そのオーラに聖母光線をまとっていました。いつも自然体でいて、ただ人生を楽しんでいるだけなのに、その子がいるだけで、周りが優しい気持ちになり、調和していきます。そういう魂のやわらかい子供たちとの接点が、私の人生によく現れるようになりました。

優しくて繊細な波動の天使さん

ある日、私は一人の男の子と出会いました。その子は、オーラにとても綺麗な光がキラキラと溢れている10歳くらいの男の子でした。その雰囲気には、独特のやわらかさが感じられました。

その場には子供たちがたくさん集まっていて、年齢は様々でしたが、楽しそうにみんなで遊んでいました。子供たちが遊んでいる声が、きゃーきゃーわーわーととても賑やかでした。

しかし楽しく遊んでいるうちに、おもちゃをとった、とられたと子供同士でケンカになり、一番小さな女の子が泣き出してしまいました。すると、男の子は素早く泣いている女の子に近寄り、穏やかにこう話しかけました。

「ねっ、笑顔をみせて」

その言い方がなんとも優しくてやわらかいのです。

その男の子を見ていると、こちらが思わず恥ずかしくなって、我が身を省みたくなるほど純粋で優しいのです。彼の心にまったく曇りがなく、透き通るようにとても美しいからです。

その男の子の若いお母様もまた、心の純粋な人でした。

純粋で綺麗な魂の男の子。しかし、あまりにやわらかく純粋すぎるがゆえに、今の地球ではこういう子供たちは、まだまだ生きづらくて大変です。

現在はまだ人類の大半が、内なる神を見失っています。自らの神性に気づかず、内なる愛からではなく、内なる恐れから社会のシステムができあがっています。それゆえ、生きづらさにあえいでいる子供たちがとても多いのですね。

一人一人の持てる能力を引き出してしかるべき学校は、子供たちの魂を主にしていないため、目覚めた子供たちからすると、まったく見当違いなことばかりさせられる気がするでしょう。

その子自身が特有の波動を大切にして、それに従って行動すると、学校では我儘《わがまま》だと受け止められたり、理解されることが少ないために、どうしても先生から叱られてしまうことになります。

直接叱られることがない子でも、周りの愛ではない言葉、真実を語らない言葉が行き交っている世界に傷ついていたりします。

また、皆と同じようにできないことで、強烈な劣等感と自己否定に苦しんでいる子もいます。その環境がただ、自分の魂が選んでいる性質のものと違うというだけなので、劣等感など感じる必要はないわけですが、学校ではできない子として扱われることが多いので、優しい感性で生きようとするほどつらくなり、傷ついてしまうのです。

この男の子も非常に優しくて、傷つきやすかったので、どのように扱ってあげたらいいのかと、お母様はたびたび戸惑い、悩まれていました。

実はその日は1日をずっと一緒に過ごしたのですが、その微笑ましい親子を身近で拝見していて、私は気づいたことがありました。

男の子が道端の四つ葉のクローバーを見つけて、それを手にすると、嬉しそうにお母様に走り寄りました。

「おかあさん、見て見て、四つ葉のクローバーだよ。おかあさんにあげるよ」

そう言って、男の子はお母様に向けてそれを差し出しました。

ところが、お母様はたくさんの荷物を抱えて、ちょうど駐車場に停めていた車に乗り込もうとしていたタイミングで、それを受け取れる状況ではありませんでした。

「うん、わかったわかった。あとでね」

けっして拒絶したわけではなかったのですが、慌ただしく車に乗ることに意識が向いていて、つい気もそぞろという返事の仕方になってしまったのです。

その瞬間、男の子を包む光の放射が、明確にさっと曇っていくのが見えました。オーラがきゅうっと縮まって曇る・・・。それを表現するなら、膨らんでいた風船が急激に「シュン」「しょぼん」と小さくなってしまうイメージ。彼のがっかりした気持ちが伝わってきました。

私は、その親子のやり取りと、明確な男の子のオーラの変化を車の中で観察していましたが、心の中で「ああ、そうだったのね」と、男の子に対するいたわりの気持ちが湧き上がりました。

その状況で必要なのは、心をしっかりと受け止めてあげることでした。

まずそうするだけで、心優しい子供たちは勇気づけられるのです。

他の知人のご家族と合流して、大勢で賑やかに夕食をいただいた後、和やかに会話をしている中で、お母様が私に声をかけてくれました。

「あの子はとても傷つきやすいのです。とても繊細だから、どう接してあげたらいいのかわからないのです」

愛情豊かに大切に育てていらっしゃるがゆえに、余計に傷ついてほしくないというその切実な思いと戸惑いがひしひしと伝わってきました。

そこで私は、昼間の微笑ましい親子のやり取りから気がついたことを、お母様にお話ししてみました。

「とても優しくていい子ですね。でも、本当に波動がやわらかいから、まだまだ恐れの強いこの地球では生きづらく、傷ついてしまうでしょうから、おそばで見ているお母様が戸惑われるのはよくわかります。

例えば、普通の子がフルーツでいえばリンゴだとしますね。リンゴならちょっとくらい強くつかんでも大丈夫ですね。

でもあの子は、例えるなら、とてもやわらかい桃のようなもの。

やわらかすぎて、強くつかんだらいたんでしまうし、普通の衝撃でも傷ついてしまうのですね。

まずは、そのやわらかい性質の違いをよく理解してあげてくださいね。必要なのは、その子の性質を理解して受け入れてあげることです。

例えば今日、天使のようなお子さんが、あなたに四つ葉のクローバーを持ってきてくれたでしょう？　お母様も忙しいから、あのような時、気がそぞろになるのもわかります。

でも、やわらかい魂さんは、あのような出来事ひとつでも傷ついてしまうの。

優しい魂さんの動機は、人を喜ばせたいというものなんです。あの時、あの子は喜びをあなたに与えたいと思っていたのです。

特にお母様には、いつも誰よりも喜んでもらいたいのです。

自分がさしだしたもので、喜んでもらえるということが、あの子の魂には栄養となるのです」

そのお母様の目には涙が溢れ出していました。

私はさらに言葉を続けました。

「例えば、あのようなシチュエーションになった時は、あの子の魂は、喜んでもらいたいという気持ちのみ、ただそれのみなのです。

だから、こんな時のお母様の役割は、ただ喜んであげること、ただ受けとってあげること、それだけでいいのです。

例えば、『おかあさん、クローバーあげるよ』と走ってきて、それを差し出してくれようとしていると気づいたら、理想はどんなに忙しくても、いったん荷物は横に置いて、その子が差し出してくれているものを、大切に両手で受けとってあげてください。

そして、『嬉しい！』と言ってあげましょう。

それが理想ですが、もし両手がふさがっていたらできない時もあるでしょうから、そんな時は、こんなふうに言ってあげましょう。

『わあ嬉しい！ありがとう。でも今両手がふさがっていて、ぜひ受けとりたいのだけど、これから運転しなければならないから、おうちにつくまで、大事に持っていてくれる？』

気持ちを受け取ったことを言葉で伝えて、彼の協力を得ることが大切です。

クローバーを大事にしたいけれど理由があってそれが今できない、だからもう少し持っていてねと、説明をして協力を得るのです。

本人にわかるように、言葉を増やして伝えてあげてください。その際のポイントは、『嬉しい』と喜んであげることです。小さな天使さんの行動が、自分の気持ちに届いていて、幸せな気持ちになっているということを伝えてあげることです。その子の優しい気持ちが十分に役にたっていると示してあげることです。

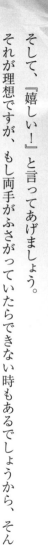

そして、目的地についたら、あなたの方から歩みより、実際に小さなギフトを受けとって、『嬉しい！』と喜んであげてください。

純粋すぎるほど優しい心は、受け止められると安定して、バランスをとることができます。小さな真心が大切に扱われているという感覚が、純粋な魂を勇気づけるいのちのお食事になるんですよ」

そのお母様は何度も涙を拭い、何度も頷きながら聞いてくださいました。

長く語りあってしまったので、ふと気づくとずいぶん時間がたっていました。

男の子は、いつのまにかソファーで眠っていたのです。私がおいとましようとしたタイミングで、ふとその子が目を覚ましました。

「ごめんなさいね。起こしちゃったね」と、私が声をかけると、天使さんは目をこすりながら、「ううん、自分で起きただけだよ」とこちらを受けとめてくれたのです。その絶妙な優しいひと言に、私が胸キュンだったのは言うまでもありません（笑）。

他の繊細な子供たちも、この天使さんと同じです。真心を大切にしてあげることが大切なのですね。受け止められているという感覚が、傷つきやすく純粋な子供たちのやわらかいオーラを強くしていきます。

クローバーであれ、折り紙であれ、わかちあってくれるアイスクリームであれ、そうやってピュアな魂がさし出すものを素直に受け止め、嬉しいと反応してあげてください。

すると、その子たちが奏でているやわらかな新時代の愛のエネルギーが、あなたの中にも流れ込んで伝わってくるでしょう。

それこそが聖母界の子供たちのお仕事なのですね。子供たちから伝わる波動は、少し光を鈍くしてしまっている私たち旧エネルギーの魂たちを、急速に目覚めさせていきます。

彼らの優しさ、やわらかさ、純粋さが、あなたや地球に、新時代のエネルギーを伝達してくれます。彼らの愛のオーラは、ふれあう人のオーラをやわらかくして、助けていきます。そのためには何より、純粋に喜んでもらえたという喜びが、彼らを勇気づけて、地球がひらいていく力にもなるのです。

同時にそれは、あなたの暮らしにも深い癒しをもたらします。あなたのお宅に、あるいはご友人や親戚など身近なところで、いつもにこにこしていて心優しい、澄んだ綺麗な瞳のお子さんがいたら、どうか彼らの存在の奉仕を受けとってあげてください。

新時代のエネルギーが、地球にあたたかく流入し、暮らしが変わる光の癒しをごく自然に伝達してくださるでしょう。

お母様を助けに、その子はきました。お父様を助けに、その子は優しさを携えてきました。兄弟や姉妹を助けるために、その子は愛を使おうと生まれてきました。ふれあうあなたに、美しいオーラを捧げに彼らは生まれてきたのです。

優しい光を宿す子供たちの意識のネットワーク

今、急速に変わりゆく私たちの地球に優しい光を灯し、地球をお守りしようと、愛の意識を持つ魂たちが、続々と生まれてきています。すべての人に優しい未来社会を創造していくことが、彼らのミッションです。

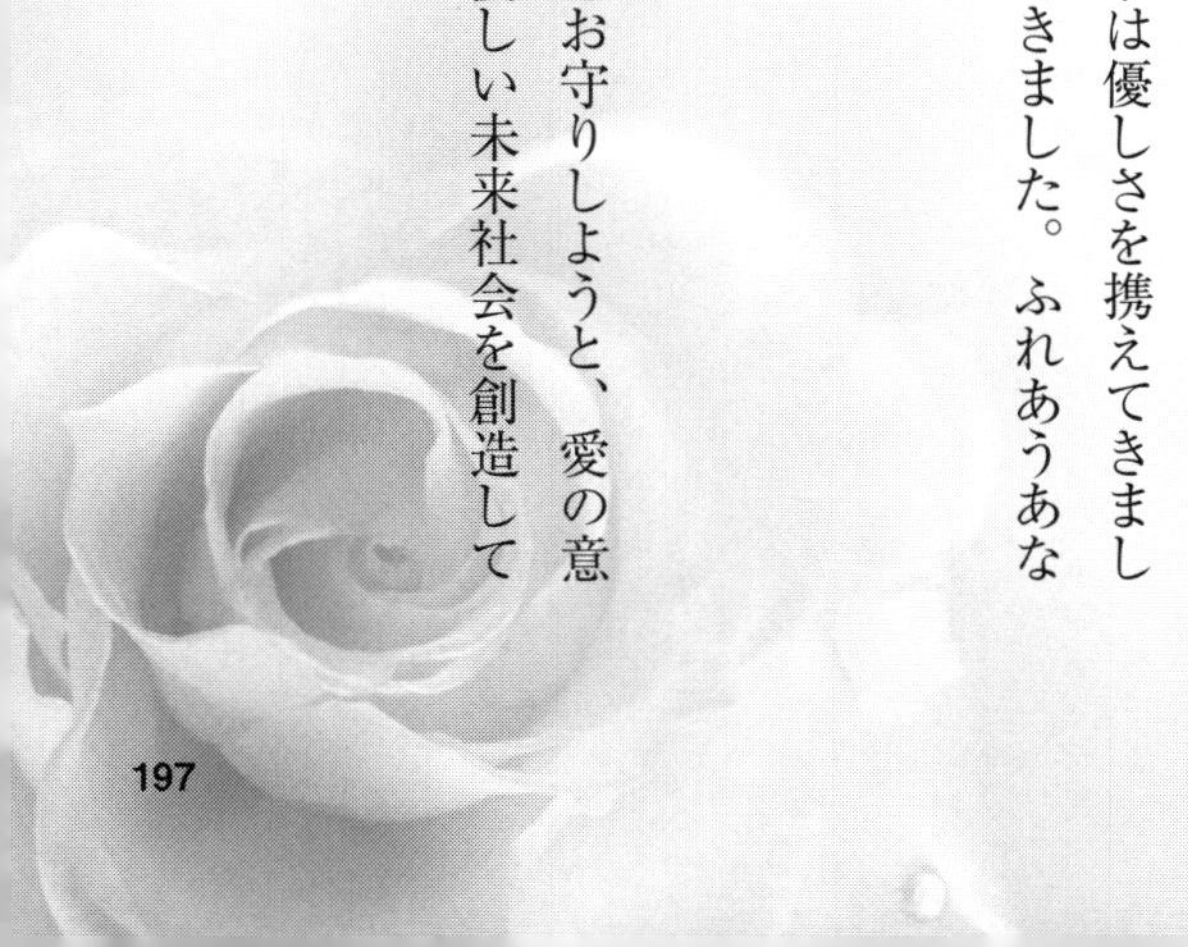

聖母界の子供たちの中に宿る光は、新時代の光であり、未来の地球のための光です。この地球にこれからなじむ光ですから、今までの旧地球の限定された波動意識から子供たちを見てしまうと、大人が理解できないことが多いのです。

理解されず受け入れてもらえないので、内なる光がみるみる輝きを失ってしまうチャイルドがとても多いのです。

この地球に役立てるために持ってきた内なる力があるのに、それを発揮できず、おどおどしているチャイルドも多く見られます。

そんな子供たちが幸せを感じ、生きやすい地球であってほしい・・・。そのために必要なのは、子供たちよりも、実は大人である私たちの意識改革でした。

私は心をこめて、クローバーの男の子のお母様に寄り添いました。お母様たちの意識に光が入ると、子供たちがのびのびと自然に光を放射できるからです。

ピュアな意識の子供たちに関わる大人の皆さんがゆるやかにつながって理解を深め、まずはお互いを助けていくことが、光の子供たちを助けることになるのです。

そのことを教えられたミラクルな体験がありました。

クローバーの男の子にお会いした翌日のことです。

私は人とお会いする用事があり、外出していました。そして、約束の時間より前に目的地に到着して、近くにあるカフェで、一呼吸いれるティータイムをとっていました。

そこは、初めてでも気軽に入りやすいカフェテリアで、おいしそうなパンの香りが店内に漂い、とてもリラックスできる空間でした。お約束の時間までまだ余裕があったので、私はくつろいで、読書を始めました。

その時はひとりでしたので、より明るく広い席は、ご家族でいらしている方などにお譲りして、私は壁際にあるコンパクトな二人用の丸テーブル席を選んで座っていました。

本を読んでいると、ふと本に影がさしました。「何かしら？」と顔をあげた途端、私はびっくりしてしまいました。すぐ目の前に、顔があったのです。

見知らぬ10歳くらいの男の子が、私が座っている小さな丸テーブルの反対の椅子の背に両ひじをついて、テーブルに乗り出すような感じで、私の顔を覗きこんでいました。

向かいの椅子とはいえ、丸テーブルは小さいものだったので、身を乗り出すようにして見つめてくる男の子と私の顔は、かなりの至近距離でした。

私は驚きのあまり目を見開いて、何も言葉が見つからないまま、ただただその子の視線を受け止めていました。一瞬で記憶データを検索しましたが、どう思い返しても、まったく見覚えのない男の子なのです。

（えっ？ どなたかお知り合いと私を勘違いしてるのかしら？）

私の頭の中をハテナマークが飛び交いました。でも、その澄んだ大きい瞳はとても人懐っこく、まっすぐ私の目をとらえ、ひたすらじーっと見つめてきます。

その目には、なんというか微塵も迷いがない様子なのです。

待ち合わせしている人を探して、この人かな？と誰かを探している風の迷いの雰囲気も、もしや間違えたかな？という不安の要素も、いっさい混じっていないまっすぐな目でした。

それどころか、私自身をよく知っているかのように、親しい感じで見つめてきます。見つめられているのは私の肉眼でしたが、男の子のまなざしはまっすぐに私の魂にふれてきて、確かに私の本質をとらえていました。

その目はとても信頼する人に向ける目のようで、それがかえって私を戸惑わせていました。

日常生活でまず起こらない、尋常ではないこの事態に、私は内心かなり動揺していました。すぐに言葉が出てこなくて、まなざしの動きのみで「なあに？」と、男の子に反応するのが精一杯でした。

しかし、男の子はなおも〝じーっ〟と、無言で私の目を見つめてくるだけなのです。

男の子とひたすら見つめあう私。内心はかなりのパニック状態。

（なに？どうしたの？あなたはだあれ？なんで何にもお話しないの？）

声に出さないままの問いかけが浮かんできました。

（何で私を知っている風なの？）それが一番の疑問でした。

なぜか、私も言葉が口をついて出てきません。その代わり、心の中で独り言が、次から次へと溢れました。

（どうしたのかな？まさか迷子？でも、そうは見えないし・・・声をかけてあげた方がいいのかな。何歳だろう？10歳くらいかな？

あれ？そう言えば、昨日のクローバーの男の子と同じくらいの年かな。

あら？ そう言えばこの男の子、クローバーの男の子と、雰囲気やオーラがよく似てる・・・。
うん、確かに似てる。オーラの光の放射具合や色彩も、波動も、昨日の子とすごく似てる。
あぁ、そうか！ あなたも、もしや聖母界の子供なの？）

するとその時、突然、私の心の中で、館内放送のように、不思議な声が響いたのです。

『僕たちを助けてくれてありがとう。僕たちのためにありがとう！』

目の前の男の子は、ただ私を見つめているだけで、声は一言も発していないのに、間違いなく彼の言葉が、内なる世界に響いてきたのでした。

『！』

（僕たち！ 僕・・・たち？

やっぱり、昨日のクローバーの男の子と、この子はつながっているんだわ）
私はそのことを、その瞬間、理解しました。すると、再び私の中で声が響いたのです。

『通じた！』


そうはっきり聞こえました。私はただただ驚いて息をのみました。

任務を達成したということなのでしょうか。男の子は私が気づいた瞬間「よしっ」という感じでうなずき、ぱあっと明るい笑顔になり、通じたことが嬉しいという感じで、全身で喜びを表現しながら、その場から走り去っていきました。

後に残された私は呆然としてしまいました。

すごい！　なんという高波動意識でしょう。

私は今日まで、何度もリアルなワンネスを実感してきていました。すべての人は深いところでつながっているという経験。自分の心があたたかいところから変われば、いのちはつながっているから、自然にまわりにも変化が生まれるのです。

その内なるワンネス経験は、私にとって非常に大切でリアルなものでしたが、この聖母界の子供たちが感じさせてくれたワンネスは、それをはるかに越えたものでした。

私たちが今まで使ってきた旧意識では、「ワンネス＝すべてはひとつ」という宇宙意識は、まだ完全に確立していません。ですから言葉で「愛」と言っていても、全員が同じ「愛」を経験しているとは限らないのです。ですからまだまだ、自分は自分、他の方は他の方と認識してしまうことが多いでしょう。

同じように苦しんでいる魂がいるとして、一人の人がサポートを受けて楽になると、「いいな、あの人だけアドバイスをもらえて。私だってサポートがほしいのに」などと思ってしまうことがあります。

離れた旧意識では、「誰かにいく愛は誰かのものであり、自分のものではない。だから、自分も同じように愛がほしい」と思うわけです。

ところが、波動の高い子供たちは、まったく違います。はじめから意識がつながりあっているので、そのワンネス感覚が当たり前で、全体が自分なのです。

だから、ひとりが優しさを受け取ると、意識のネットワークにつながっている子供たちが皆、心の内側からそのエネルギーを共有できるのです。

私が一人の男の子をサポートしたことで、同じ意識体（ネットワーク）につながっている別の男の子が、心の安らぎに共感して、「僕たちのためにありがとう」と感謝を伝えにきてくれたのです。

それは、言葉にならないほどあたたかな愛の意識ですね。

こんなふうに、心の糸と糸が網のようにつながり形作られた、愛の意識のネットワークによって、人類は進化していきます。

一人を助けることは、全体を助けることになり、ある家庭の中で起こった小さなサポートでも、大勢の同じ意識でつながる魂たちに役立つのです。

私はこの体験ほど、内側から広がる意識のネットワークを体感し、肌で感じたことはありませんでした。聖なる子供たちの、その自然な意識の高さに驚愕すると共に感動していました。

私たち一人ひとりは、意識の深いところで全体とつながっています。関わりあい、つながりあうという意識の網（グリッド）は、人類が新しいレベルの愛や優しさへと進化していくのを助けてくれます。

優しい聖母界のグリッドは、アクエリアスの愛の時代の到来を助ける力を持っています。感じたこともないさらなる上段の優しさやあたたかさへと、私たちが進化していくのを助けてくれるのです。そこへ到達するための入口がワンネス。

全体はひとつという意識のつながりを見いだすことです。

優しい意識の網（グリッド）を、聖母界の子供たちは提供してくれます。

ワンネスの愛を生きる子供たちの光のネットワークは、すでに地球に広がり始めているのです。

「すべてはひとつ」というワンネスの意識がよりリアルになり、それが日常になって、暮らしを導くようになる時こそ、私たちのこの地球は、愛の溢れる惑星となり、戦いと奪いあいが溶けてしまう優しい星へと進化します。

誰もが幸せになる力を暮らしの中から発揮できる星。

一人ひとりが幸せな生き方をこの地球に表現すること。

意識のネットワークで優しさが運ばれ、地球のすみずみまで愛が行き渡るように、この星に優しい光が消えないように、あたたかい愛の意識が回帰していきます。

地球を愛の星にする光の任務を担う子供たち

すべての人に優しい時代、愛の時代への幕開けがリアルに始まっています。

新しい時代は、外側ではなく、私たちの心の変化から生まれてきます。私たちが本当の自分とのつながりを取り戻すと、地球の集合意識が変わり、新しい地球の当たり前が生まれてきます。

今を生きる私たちが自分を取り戻し、集合意識として成長すると、その進化をさらに先に進めようと、優しい魂たちがたくさん降りてくるのですね。私たちにも、そしてこれから地球を訪れる魂たちにも、幸せな住みやすい優しい星にすることができたら、どんなに嬉しいでしょうね。

今、この世界に、普通でありながら、優しく意識の高い子供たちが続々と誕生してきています。なんて幸せなことでしょうか。

私たちは皆、生まれた目的があります。聖母界の子供たちは、「地球をあたたかい愛の星にする」「世を優しい方向に、愛が広がる方向に直していく」という光の任務を明確に宿して生まれてきます。彼らの存在自体のメッセージは、もともとすべての人のいのちに備わっている純粋さを、純粋なままで映し出してくれることなのです。

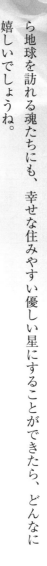

彼らは清らかなまま、驚くほどの優しさや純粋さを暮らしの中に現します。それにふれた時、親や先生など、周囲の大人たちは、猛烈に恥ずかしくなってしまうことがあるでしょう。

今までの地球では、純粋さを隠さなければ、傷つく傾向にありました。それゆえ多くの人は、保身のためにいつのまにか、ずるさや嘘やごまかしを身につけてしまいました。だから、純粋な子供たちの光にふれると、自分の魂につけてしまったごまかしや弱さ、迎合などが見えてしまうのです。

聖母界の子供たちは、私たちが忘れていた内なる純粋さを、眩しいくらい、当たり前に外に表してきます。隠れていた内なる光を、鏡のように映し出して見せてくれるのです。

清らかさがすべての人の元の姿であるということ。人を疑うより、信じる方が自然だということ。困っている人がいたら、迷わず助けること。優しさを表現すること、仲良くなること、喜びを分かち合うこと。

そして、地球は私たちだけのものではなく、人間は動物たちの霊性や幸せに責任があること。私たちの体をつくり、地球体験を支えるために働いている自然界には、その自然な宇宙エネルギーを支える自然霊（妖精たち）がいること。

私たちは、大いなるものに支えられて成り立っている、その恩恵をチャイルドたちは知っているのです。

聖なるものや神様が大好きな、聖母界の子供たち。彼らは当たり前のように、見えないつながりや、自分がそこから受けている恩恵を知っています。

だから、お花を大事にしますし、動物たちが苦しんでいるのを見ると泣くのです。すべてのいのちが、深いところでつながっていることを知っているからです。

愛で今の現実を拡大しようとしている、聖母界の天使たち。地球を優しい星に作り変えていくお役を担っている、未来意識の子供たちがあなたの元にいらしたら、ぜひ大切にしてあげてほしいことがあります。

聖母界の子供たちを理解するためには、まず周りの大人たちの意識から、古い固定観念をはずすことが第一歩です。

マドンナチャイルドには、女の子も男の子もいます。魂に性別はなく、男の子の中にも、聖母意識はあるのです。魂は陰陽両方の力を宿しているからです。聖母界の子供たちの波動は様々で、それぞれに役割がありますから、その役割によって気質が違うのです。

例えば、2000年以降、新しい時代の先駆けで、早めにおりてきているマドンナチャイルドたちは、男の子の方が目立っていました。これは、新たな時代をつくり、新しい波動を構築するために降りてきているからで、とても元気でパワフルな子が多いようです。

パワーを出して基盤をつくるためなのですね。

間違っているもの、私たちが本来の自分のものではないのに守ろうとして執着しているものを、積み木のように壊してくれる魂もいます。再構築を促すためです。

また、軸や中心を見失っている私たちの世界に再び中心をもたらし、光が日常になる世界を開拓するために、先におりてくる聖母界の魂は、開拓のエネルギーを持っています。心が綺麗でパワフルな未来を切り開く行動力と知性、技術力、運動能力を宿して生まれます。

子供のうちは、外で体を動かすスポーツや、機械系に強い子が多いでしょう。でも、もともと優しい子なのにわんぱくであるがゆえに、その優しさをまわりが理解していない場合は、子供たちにかなりのストレスがかかります。ふとした時に、チャイルドがお友だちや動物に乱暴な振る舞いをしてしまうことがあるかもしれません。

でも、頭ごなしにその子が悪いと決めつけないでほしいのです。必ずその子なりの理由があります。「いつもは優しいあなたが、どうしたの？何か理由があるんだね」と、その子の優しさを認めながら、根気強く話を聞いてあげてください。本人が語る理由を受け止めてあげることが大切です。

このように、幼い頃は親をふりまわすほどパワフルで、「わんぱく、やんちゃ、おてんば」といった言葉で表現されるお子さんです。でも本質的にはとても優しいのです。

「おかあさんを助けたい、おとうさんを助けたい、友達の役に立ちたい」という思いがあるのは変わらずに、本来は犬や猫など、様々ないのちをとても大切にします。

けれどエネルギーが大きいために、ストレスがあると感情が抑えきれず爆発してしまうので、乱暴に見えてしまうのです。

聖母界から開拓のミッションで降りる子供たちの多くは、感性や直感が鋭いのですが、その一方で言語化が不得手な場合が少なくありません。

メッセンジャーとして降りる子以外は、言葉での説明が得意ではないようです。多くを語らず、ひたすらやるべきことをコツコツと実践するような、けなげな子供たちです。

例えば、お母様が深く考えずに、気分で「こうしなさい！」と言ったとしたら、見ていないところでも、コツコツと一人でその言葉を守ってやり続けています。それこそ何年でも・・・。それは、まっすぐにお母様を信じているからです。後になってお母様がそれに気づいて、「え？あれからずっとやっていたの？」と猛省することもあります。

まっすぐにお母様を信じて、とことん大事にしてくれる。

その清らかさにふれて、気づいた時、お母様自身にヒーリングが起きるのです。

聖母界の子供たちは、世界の真理を的確にとらえる目覚めた心を持っています。ただし、意識がとても高く魂の目的が明確なため、自分が関心のあることにはものすごくのめり込み没頭しますが、関心がないものにはまったく見向きもしません。ですから、学校の勉強に興味を持てない子も多くいます。

そして、とても多いのは、美しくて優しくて、綺麗なものが好きな子です。

男の子でわんぱくなのに、綺麗なキラキラするものに惹かれていたり、ライオンのぬいぐるみに名前をつけて、たてがみをブラシで整えてあげたりするように・・・自然に優しさを表現します。

仲良くなること、分かちあうことを知っています。残酷なもの、戦争ものが苦手。アニメや映画でも、地球を救う、地球を優しくするためにみんなで力を合わせるというモチーフのお話に強く惹かれる傾向があります。

そして、聖母界から降りてくる別なタイプの子があります。こちらはきっと皆様が「聖母界から降りる子」と聞いた時に浮かぶイメージ通りの魂さんたち。いつもにこにこしていて人懐こく、ふんわりとした波動をもってきます。本当に天使みたいで、「かわいい〜」とみんなを笑顔にします。そのやわらかい波長が誰の目からもわかります。

聖母界の子供たちは、「トランスミッター（伝達者）」としての役割を持っています。高く清らかな優しい波動を保持し、ふれあう人々に新時代の光の波動を伝達します。

トランスミッターとしての、聖母界の任務を宿す魂は、もちろん男の子もおりますが、女の子の肉体を選ぶ魂が多いようです。そのため、少し大きくなると、お姫様が好きになる子が多いのです。

ディズニープリンセスなどを好きと言う子が多いですが、これはドレスとかティアラより、お姫様たちが持つ「ふわふわ」「キラキラ」とする華やかなオーラが、聖母界の女神オーラによく似ているから、息ができる感じがするんだと思います。奥の波動を感じとっているんですね。

トランスミッターのマドンナチャイルドは、内側に調和した静かなトーンを宿していて、音に敏感です。

だから「やめなさい！」などと、兄弟を叱るお母様の声の中のイライラや、疲れて帰ってきたお父様がバックをなげて、ガタンとたつ物音、怒ってバンッとしめる引き出しの音など、怒りの混じった「音」が苦手です。

こんな日常の音の中にまぎれている、まわりの人のストレスが混ざった激しい音に、マドンナチャイルドたちは傷つきおびえます。逆に、優しい水音や遠くで聞こえる鳥の声や、美しい音楽など平和な音が大好きなようです。

愛を信じる世界中の優しいお母様方へ

純粋な子供たちは、身の回りの環境によって時々ナーバスになりがちです。たびたび熱を出したり、体調がすぐれないことがあると、育てているお母様は心配が絶えないようです。

他の子とは少し違った感性を持っているため、他の方から「ちょっと変わった子」と言われ、なかなか理解してくれるママ友ができなかったり、学校の先生にも理解してもらえないことがあります。そのため、戸惑い、自信をなくしてしまったとおっしゃるお母様は珍しくありません。

あまりにも繊細で眩しい我が子を、どう育てたらいいのかと悩むお母様方は、根が優しい方が多く、「わかっているのに、また怒鳴ってしまった!またやってしまった!」と、罪悪感にまかれてすっかり自信をなくしておられます。

「私は母親失格だ」と自分を責めてしまうお母様が少なくありません。

そのような優しいお母様たちに、心を込めてお伝えしたいことがあります。

あなたの家にやってきたお子さんが、どれだけあなたを信じていて、どれだけあなたのことが大好きかということを・・・。

その子の神性が「あなたがいい。あなたが好き。あなたの子供として生まれたい」と願い続け、あなたを選んでくれたのです。あなたへの深い愛があり、その子を授かることで花開くあなたの幸せがあるのですね。

お母様、あなたは子供に愛されているから、母親になりました。

女性は妊娠した時から、波動が変わります。おなかの中に新しいスピリットを迎えた時から、女性の波動は変わるのです。

よくマタニティブルーといわれるように、妊娠すると落ち込みが強くなったり、心が不安定になるのは、ホルモンの関係ももちろんありますが、本当は新しいスピリットを受け入れるために、オーラが変わり波動が上がっているからなのです。

マドンナチャイルドであるかどうかに関係なく、親は自分より一段高い波動の子を授かるようになっています。それは進化を目的とする宇宙の采配であり、魂の成長に伴う自然のサイクルです。

ですから、親は子育ての中で子供から学び、子供の成長と共に親になっていくのです。

女性は妊娠して、自分より高い波長のオーラが出てくるようになると、生命と生命が共鳴し、高い波動の方に自然に合わせようとする作用が働きます。新たな高い周波数に、自身のオーラが自然に合わせて波動を上げていこうとします。もちろん無意識の内にそれは起こります。

そのため、自分を重い波動にしていた原因となっている感情を、内面の奥から表に出して消していこうとするのです。それがマタニティブルーの正体です。

体が変化して気持ちがブルーになるというよりも、その落ち込みやイライラがもともと内側にあったのです。それが子供の波動の作用で表出し、消されていくということ。中にあった苦しみは外に出されたら、自然と消えるのですね。

そのような母体に起こる自然作用と同じで、現段階の私たちの想像を越えた「高い意識波動」を宿す子供たちと共に生活するようになると、その共鳴作用によって、私たちの旧地球意識が揺り動かされます。

今まで傷つくのが怖くて作り上げてきた大人特有のバリケード、守るためにあえて本質を隠してきた、ごまかし、にごり、不安などがあるはずです。

「受け入れたくない、そんなはずない」と抑えていた古いものが、子供たちが放つ新世界のオーラによって引き上げられていくと、まずは浄化が起きるのです。

ほとんどは、お母様自身が自らのバリケードを解き、ご自身の清らかさや美しさを取り戻し、神性を取り戻すほどに、子供との関係、子供を包む環境（学校・ママ友など）ともに、自然と調和するようになります。

オーラの清らかなチャイルドを授かると、ご家族皆さんの波動が上がります。

彼らが優しい光を持ってくるからです。家族で優しさを学ぼうと意識するとあなたの家庭から、平和の優しいバイブレーションが、世界に向かって放射されていきます。

どんなミッションを持つ魂でも、肉体に下りてくると、物質の持つ荒い分離波動で光が制限されてしまうため、戸惑い、自分を包む環境にどうしても影響を受けてしまいます。

優しい光の子供たちがやがて成長し、美しい魂の任務を花開かせるためには、子供の頃の環境がとても大切なのです。

愛の時代の子供たちを育てるガイダンス

何やらとても不思議で敏感な、優しい光を宿す新時代の子供たち。親の理解と意識をはるかに越えた彼らを天からお預かりして、我が子として育てるとなると、ご両親様は何かと思い悩むことが出てくるかもしれませんね。

新時代の地球創造のために、新たに生まれてきている聖母界の子供たちにどう接していけばよいのか、聖なる母性からのガイダンスをお届けしましょう。

ここでは子供と一番関わりが長く、影響力も強いということから、「お母様へ」という視点で語らせていただいておりますが、基本的には「お父様」も共通のご理解で大丈夫です。

子供たちにとって役に立つことは、次のような事柄です。

～親のぬくもりを感じさせてあげる

お子さんとのスキンシップを楽しみましょう。たくさん抱っこしてハグして、肌にふれてあげてください。赤ちゃんのうちは特に、あたたかいぬくもりが必要です。お風呂あがりに、クリームをぬってあげたりして、笑顔で語りかけながらふれてあげましょう。

産まれてきてわずかの頃は、まだ地球の分離エネルギーに慣れていないため、この星になじむことができずに、子供はかなり不安になっています。

だっこ、おんぶなど、肌にふれあたたかいぬくもりを感じさせてあげると、成長とともに、グランディングがきちんと整い、優しい愛のエネルギーが表現できる安定感を養います。

赤ちゃんから少し成長したチャイルドたちにも、心地いい形でのスキンシップは必要です。

この世を越えた高い周波数を宿していると、その高波動と物質波動のあまりの違いから、精神の不安定さを招いてバランスを崩してしまう魂が少なくありません。

高く優しい意識を宿して、重い物質の器に入っていても、心が不安定にならず気を病ませることがないようにするには、ぬくもりの力が大切です。ぬくもりの記憶が、その子のエネルギーバランスを整えます。

お母様とお父様の優しい手のぬくもり、体温のぬくもりの記憶が、その後、大人になっても、高い周波数と物質波動のバランスをとる安定感を養います。

～優しい音で応えてあげる

赤ちゃんの頃、つまり言霊が宿る前の子供たちは、「あー」「うー」「ぴー」など、不思議な声を出しますね。

そんな時は、優しい音で応えてあげます。

「あー」「はーい」

「うー」「うんうん、どしたの？」

「ぴー」「はーい、今行くね～」など。

例えば、お母様がお茶碗などを洗っていて、忙しくしていても気持ちは赤ちゃんに向けて、声で応えてあげましょう。こうした返答は、光の子供たちを大変勇気づけます。

勇気を出して降りてきたものの、あまりの波動の違いに、聖母界から来た赤ちゃんは非常に戸惑ってしまうのです。

そんな時、自分が出した波動（声）にあたたかく応える声があると、「あなたをこの世界は歓迎していますよ」というメッセージを伝えることになります。それが彼らを勇気づけるのです。

これはどんな赤ちゃんにも言えることですね。

～好きなものを尊重してあげる

その子の好きなもの、惹かれるものに注意を払いましょう。

成長ごとにその子が大好きなもの、その子が惹かれるものを尊んであげましょう。

「そんなものより、こっちにしなさい」とか、「そんな役にたたないものはやめなさい」などと、ご両親の趣味を押しつけないこと。その子の感性が自然にふれたくなるものを理解してあげましょう。

ご両親から見て、どんなにくだらないと思えるものでも、その子には深い意味がありま す。ご両親からはマンガを読んで遊んでいるだけに見えても、大事な魂の学びをしている場合があるのです。

～無理強いはしないこと

「好き嫌いをなくすため」という理由で、嫌がるものを無理やり口に入れたりしないでください。また、「最後まで食べなさい」と叱ったりしないでください。

食べ方には、その子なりの量とリズムがあるので、どうか無理強いはなさらないでください。その子のいのちは、自分に必要な食べ物と自然な量をちゃんと知っています。

～嘘はつかせないこと

お母様のご都合などで、光の子供に嘘をつかせないであげてください。

これは絶対にどうぞやめてあげてください。

例えば、お母様自身がお姑さんに会いたくないという理由から、「あなたからおばあちゃんに、学校が忙しいと言ってね」などと、何気なく子供に嘘をつかせてしまうことが、どうかありませんように。

ついお母様が子供の魂の優しさに甘えてよりかかってしまい、「あなただけはお母様の味方でしょ」と操作しようとする方が、かなりの割合でいらっしゃいます。

光の子供たちは、基本的にお母様の役に立ちたいので、それをひきうけてしまいます。

でも、その後で、本人も気づかないうちに、強烈に自分を嫌うようになり、自信を失ってしまいます。嘘の波動は聖母界にはないからです。

光の子供たちは人類に奉仕をしにきます。その一番最初の人類はお母様とお父様で、お姑さんをお母様が苦手でも、子供は幸せを伝えようとします。

ところが嘘をつかせると、子供たちが自分の本質からずれるため、必ず罪悪感が生じます。その繰り返しは、聖なる子供たちの高次の優しさではなく、低次の資質の方を育ててしまうため、波動が落ちていくのです。

どんどん旧物質波動に落ちて、優しかったはずの子供にも次第にずるさがでてきます。これが、この子供たちを深刻に苦しめます。奥の自分の本質とずれるため、強烈に自分を嫌い始めてしまうのです。

素直さとあたたかい正直さが、聖母界の子供たちの波動なのです。

~穏やかに根気強く教えてあげる

聖母界の子供たちの中には、すでに高く進化した別の星から地球に降りてくる子がいます。例えばすでにワンネスを達成し、それが当たり前のスタンスになっている星の記憶が子供たちの感覚に残っているのに、この世界とのバランスが取れていないと、悪気がなくても、他人に迷惑をかけてしまうことがあります。

例えば、スーパーでお金を払う前に、袋をあけてお菓子を食べてしまうとか、よそ様の持ち物のバックを勝手にあけて、中身を全部出して遊ぶとか、お友達の大事にしている高価なおもちゃを黙って家に持って帰ってしまうとか・・・。

時にこれは大問題となり、ご両親を悩ませます。しかし、悪気はないので、頭ごなしに叱られると、子供たちは強烈にショックを受けて傷ついてしまいます。親の世代の意識にとっては、最も難解な部分でしょうね。

実はこれはワンネスを知ってしまっているがゆえの誤作動なのです。他の星からくるフィーリングなのですね。

たぶんその子がかつて暮らしていた星では、共有が当たり前で、ワンネスだから自他の境目がないのです。

自分のものも皆のものだし、他人のものも皆のものだったので、恵みや喜びは皆で共有するのが自然な感覚だったのでしょう。

だから、ものは誰が使ってもいいし、恵みはほしい人が自由に受けとっていい、飢える人や足りない人のいない優しい世界から来たのでしょう。

しかしこの地球はまだ そこまで進化しておらず、それらに所有という境界線があることがわからなかったのです。泥棒さんなどいない、そもそもそれをする必要がないくらい豊かで、霊性が成熟している星ならば、そもそも鍵をかけるという発想もないでしょう。

だから、「僕は（私は）何も悪いことはしていない」と泣いていませんでしたか？

小さい子なら、びっくりしてかたまっていませんでしたか？

例えば、スーパーで小さな子供がお金を払う前に袋をあけてしまい、勝手に食べてしまったことにお母様が気づいた時、気づかないふりをしたり、スーパーの方に「お金を払えばいいんでしょ」という横柄な態度をしないであげてください。

また、逆に「あらあら仕方がないわね～」と子供を甘やかしてしまい、正しく教えることを放棄してはなりません。ここは最も大切な、お母様たちの聖母行《せいぼぎょう》ですね。

まずは、子供に向かい、穏やかにしっかりと目を見て、「これはしてはいけないことなのよ」と教えてあげてください。

まだ話がわからないくらいの小さな子でも、目を見てお話してあげると、波動で伝わり学んでくれます。

そして、開けてしまったお菓子を持って、穏やかにその子の手を引いて、お店の方にお詫びしに行ってください。

この段階でも子供の魂はかなりドキドキしているはずなので、怒って「来なさい！」と乱暴に手を引っ張ったり、大声で怒鳴らないであげてくださいね。

親がその子のハイヤーセルフの代わりとなり、子供の代わりにお詫びします。ある程度成長している子なら、「一緒にあやまりましょうね」と穏やかに声をかけます。

そして離れたところで、もう一度しっかりと子供と向き合ってあげて、「これを食べたかったんだね。わかるよ。でも、お金を払う前はまだあなたのものではないのよ。迷惑をかけてしまうから、してはいけないことなんだよ。食べたい時はまずお金を払ってからね」

と根気強く教えます。

お人様のバックを開けて、中身で勝手に遊んでしまった時も、すぐ丁寧に持ち主にお詫びして、

「人はね、大事にしているものを勝手にさわられたら、嫌なものなのよ」と穏やかに教えてあげます。

例えば、まだ話の通じない小さなマドンナチャイルドでも、理解が難しいと思っても、必ず謝罪の場所にその子を同席させ、お母様とお父様が心をこめて謝罪をする背中や真心から溢れるオーラを、子供たちに感じさせます。

子供を責めることなく、ただ見せていきます。わからなくても同席させましょう。

子供たちは、そのオーラにふれることで理解していきます。

子供たちは、まだこの星の進化の具合や霊的な進化の距離感がつかめていないだけで、悪いことをしたいわけではありません。

けれど、自分のした行為で親が汗をかきながら、心をこめて謝罪し頭をさげてくれる、そのオーラにふれるとだんだん理解していきます。

自分が持ってきた、なじんでいる高波動と、今の地球の現状のエネルギーとのギャップ、霊的な進化の距離感を、感覚的に理解していきます。

「あっ、まだ地球はまだそんなに下の段階だったのか」と。

「元はひとつであったものを、まだこんなに分離している。

ああ、ここからなんだ」と・・・。

そのギャップと地球の進化状況と、自分の感覚との距離感がわかり始めると、次第にこの地球ルールを把握しながら、上手に光の量をコントロールして、高い波動を保ちながら、物質波動と霊波動（優しさ）の間の溝に寄り添いながら、上手に溝を埋められるようになります。変えてゆく道があることを学ぶことができます。

こんな学びと調整は、それぞれの子の胸に宿した優しい任務をどう具現化すればいいかを、成長とともにその子が理解する力となります。

ここを大切に教えてあげられたなら、成長する過程で、その子が眉をしかめられたり嫌われたりすることなく、愛されて、喜びながら任務を続けることは可能なのだと、あたたかい希望の道を教えてあげられます。

このレッスンは、チャイルドたちのその後を左右しますから、大事にしたいところです。

お母様、お父様、どうぞがんばってください。

～特別視はしないこと

新しい時代の子供たちは、しばしば不思議な霊的感性を発揮します。

その子が育てると、お花がめきめき育ったりします。また、この世のものではないものが見えたり、感じたりしているため、摩訶不思議なことを口にしたりします。

「さっき、妖精さんにあったよ」

「枕元にユニコーンがきたよ」

「宇宙でキャッチボールしたんだよ」

「明日は雨だって、アンパンマンがそう言ってるよ」

ご家族が目を見開くようなことを、言ってきたり、やったりするでしょう。

もしそういう不思議な力が表されてきたら、注意深く見守ってさしあげてください。

このような時の注意点は、心をこめて受け止めて関心を持っても、崇拝はしないことです。「うちの子は特別な子なのよ～」などとまわりにふれまわらないことです。

「えー、ユニコーン？ 妖精さん？ きゃーすごい。ねえ聞いて～うちの子、光の子なのよー！」と特別視してはなりません。まるで小さな聖人のように扱うと、残念ながらその子の本来の魂の高さの質ではなく、次第に低次の質に切り替わり、優しさが傲慢やおごりに切り替わってしまうのです。

つまり、高い波動を保持できなくなります。

霊的なことを言い始めてきたら、まずは信じてあげて、普通に当たり前のこととして、それを受け止めてあげてください。

大事に、爽やかに。例えばこんな風に・・・。

「おかあさん、昨日妖精さんきたよ」

「まあ本当！素敵だね。きれいだった？」

「おかあさん、昨日ユニコーンきたよ」

「へえ、おかあさんもユニコーン大好き、よかったね。素晴らしいことね」

「おかあさん、明日は雨だってアンパンマンが言ってるよ」

「まあそう？じゃあ傘の準備しなきゃね」


当たり前に、普通に、自然に受け止めてあげましょう。

そういう聖なるコミュニケーションは、あり得るリアルなものだと、否定しないで信じてあげます。しかし、いったん否定しないで受け止めたら、あとはこだわらず流していきしょう。

どんなにその子に洞察力があり、賢さがあると見えても・・・。

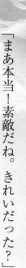

お母様、どうか忘れないでください。あなたは大切なその子のお母様です。

時としてその子が光を隠して傲慢さが見えたり、人間としてそれはおかしいとか、人を傷つける言葉を言っているな、迷惑をかけているなと感じた時は、どうぞ遠慮なく叱ってあげてくださいね。時には、聖母界のお不動明王様になることも必要なのですよ。

その子が幸せにこの世を渡っていくためには、お母様、あなたの力が必要です。時には厳しくとも、現在の地球のあり方を、まずは教えてあげてください。ただし、その地球ルールの型の中にその子をはめるのではなく、ここは今こういうルールで動いているのだと、現在地点を教えてあげてください。

優しくて自由な世界から降りてきた子は、その事実に苦しむでしょうが、どうか味方でいてあげてください。

どうしていいかわからないなら、どうか一緒に苦しんで、時に一緒に泣いてあげてください。

お母様のそのぬくもりがあれば、その子は必ず立ち上がれます。

自らの使命を自覚している子供たち

私のお伝えする聖母界の祈りに深く共鳴してくださり、長年ご縁をあたためさせていただいている素敵なご夫妻がいます。そして、そのお二人には5歳になる男の子がいました。その男の子が日々口にする言葉を、お母様とお父様が私にわかちあってくださったことがあります。それがもう、胸が薔薇色に染まるくらいのあたたかさなのです。

日常の中で、その子の口からさりげなくこぼれ出るキラキラとした言葉は、例えばこんなメッセージです。

「ぼくは人を助けに生まれてきたんだ。いろんな助け方がこの宇宙にはあるんだよ。
ぼくが以前いたところでは、病院も警察もないんだ。
優しい人ばかりだから警察はいらないんだ。
あのね、ぼくがいた世界では病気にならないし、なってもすぐに治るんだよ。

でもまだ、地球では病気というものがあって病院が必要だから、ぼくはお医者さんになって、痛みのない病院をつくりたいんだ」


そのお話をお聞きしながら、嬉しくて胸がいっぱいになりました。

実は、聖母意識がまったく同じことをおっしゃっているのです。

聖母意識が伝えてくださった、進化した未来の地球は、薔薇色（マジェンダ色）のオーラを放っていて、神の恩恵がそこに住むすべての人に余すところなく行き渡っているそうです。

だから、皆が幸せで、皆が優しいのです。

今、私たちのほとんどは、本当の自分を見失っているため、自分の内側にあるエネルギーから遮断されている状態です。

無限に流れてくる豊かなエネルギーから切り離されて暮らしています。それゆえに、暮らしの中に欠乏があり、やりたくないことを変えられず、やりたいことを自分の経験として展開させることができないでいます。
だから無力感を感じ、劣等感や落ち込みを感じ、ままならない現実を変えられないので、強烈なストレスにさらされているのです。それがこの世界に衝突や苦痛を生んで、様々なトラブルとなっているわけです。足りない分を自分で満たせる幸せな力が、もともとあることを忘れているからです。

でも、もし私たちが、本当の自分を思い出したら、地球に住むすべての人が、それぞれ内なるエネルギーとのつながりを回復させ始めたら、私たちはいのち同士が再びつながって、恐れがベースの生き方から、あたたかい愛がベースの生き方に変わるでしょう。

心があたたかくなるのは、私たちが宇宙と調和し、エネルギーとのつながりを取り戻しているサインです。つながっていると、私たちのエネルギーレベルが上がるので、ネガティブな思いは心に湧いてこなくなります。不調和なことを望まなくなるのですね。

自分が満たされているので、イライラすることも人とケンカすることもないし、誰かのものを盗ろうとも思いません。

なぜなら本当の自分自身でいれば、エネルギーが満ちてきて、必要なものは引き寄せられ、思い通りに現実を創造できるからです。

だから、進化した惑星では警察はいらなくなるのでしょう。

聖母意識は昔から、このようにおっしゃっていました。

『世界の姿はあなた方、お一人お一人の心の反映です。
その心の内にあたたかい神の光を見い出すと、新しい価値観が生まれてくるので、
世界が愛に向かって変わり出すのですよ。
やがて時代の変化が進むと、
まず医療、教育、経済などから目立って変化が始まり、
その他も様々な業界の潮流が変わり始めます』

私たちが内なる自分を取り戻すにつれ、私たちの社会のあらゆる場所が宇宙と調和し始めます。

社会のあらゆる業界が、優しさや安らぎ、美しさ、喜び、そして愛の波動を好むようになり、より苦痛のないものを求めるようなり、愛をベースにしたものに生まれ変わっていくのです。

心の理解と気づきが意識となり、意識の高さが、価値観をより宇宙へと近づけていくようになります。そのことを知っている子供たちが、自らの使命を自覚し、実際に行動を起こそうと、今の地球にたくさん降りてきてくれているのです。

私たち大人は、彼らのミッションが果たされるよう、その才能が発揮されるのを邪魔しないよう、環境を整え見守ってあげることが大切です。

人類の感覚が変わりつつある時

今、人類の意識は大きく変化しつつあります。その変化の兆しを私たちの暮らしと社会の様々な場所で、見つけることができます。

とても大切なことは、私たちが今とても深い部分で、急速に変化しているのを、おそらく多くの人が感じ取っているということです。

「最近暗いニュースが多いから、見るのがつらくて、めっきりニュースというものを見なくなった」というお声をよく聞きます。

ニュースを見ると、とても憤りを覚えたり、不快になり、どうにも嫌な気分になるから、すぐテレビを消すという方が多くおられるようです。

それを見たくないと憤りを覚えるのは、実は自分の中の神性が反応しているからであり、自分の内なるものが、これは違うと本質をちゃんと、とらえていて、さらに大切にしたいことが自分の中にあることを知っているからです。

私たちは、よりあたたかく、より優しく、より美しい世界に向かおうとしています。

私たちは切り離された存在ではなく、本当は存在の深い部分で源のあたたかいものにふれていて、ひとつであり、世界はこの内なるものの顕れであると知ります。

現代は私たちの中の高波動な自分の領域を忘れていて、その霊的な充足感が与えてくれる感動や幸福感を失って久しいですね。

けれど、今私たちは安らぎを、自分の心から生み出せると知り、そこから生まれるあたたかさを使って、自らの霊性とのつながりを取り戻し始めています。

今、私たちは様々なことを体験する中、そこから生まれる内的感覚を通して、新しい価値観を創造し始めています。

私たちは今、本来の自分を取り戻す、まさに新しい世界観を、創造する時代にいるのです。それは、革命していきなり一夜で世界を変えるというものではありませんが、今生きている既存の世界観をあたたかい目で見直して、視点を変えていくことで世界を新しくしていきます。愛の中で少しずつ少しずつ意識を拡大し、よりいのちと調和するよう進化してゆくのですね。

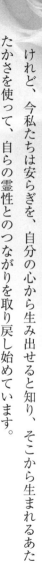

世界が変わるために今起こっていること。それは、まず個人の内側が変わっていき、視点が変わることにより、新しい調和した価値観が生まれてきます。その価値観が新しい時代を創造するのです。

そして、それぞれの業界や社会の位置を担う人々の中にもそれが始まり、新たなあたたかい価値観により、それぞれの業界に新しいウェーブが起こり始めます。現実がより愛を表現でき、優しさや調和が現れるように甦り始めるということです。

私たちが今までのように生活し、仕事をし続け、社会と関わりながら、けれど行動を生む場所や体験を認識する場所が心のあたたかい場所から生まれるようになり、内側からエネルギーにつながるようになると、私たちの霊性と現実創造が変わり始めるのです。

聖母意識は、優しいいのちの視点を教えてくれました。私たちが、肉体からではなく、いのちの視点から世界を見る優しさを取り戻し、心の内のあたたかい場所で本当の自分につながり始めると、私たちの波動が上がり、魂が次元を上げていきます。

そうすると私たちは、あらゆるものとつながっている〝ワンネス〟の感覚があたり前となってきます。そうすることで、人類の切り離された感覚が癒されることで、私たちの現実の見方が変わってくるでしょう。

現実は、私たちの内なるエネルギーの顕れで、自分の内側で何が起こっているのかを映しだしてくれるスクリーンなのです。

私たちがあたたかい霊性を回復させ、あらゆるものとのつながりを甦らせる時、愛が甦ると一番最初にわかりやすく変わり始める鏡がまず医療だと、聖母は教えてくれました。時代が変わり、ふと気づくと、医療器具が進化して病の治し方の選択肢が広がり、より体に負担のないものにどんどん変わり、よりいのちに優しくなってきていたりします。より体の負担は少なくなり、痛みが少なくなるように進化しているでしょう。

多くの地球人が自分を嫌い、自分を蔑《さげす》み、自らのいのちを責めて、自分を叩いている時代は、自分たちを治してくれるものさえ、自分を叩いたり、苦しめたりして治すものになってしまうのですね。

でも、もし私たちが自分の内側の中の萎縮をやわらかくくつろがせて拡大し、自分が自分に優しくし、自分にあたたかい愛のエネルギーを向けることを学ぶことで、医療機器も体を治す手段も、よりいのちと調和する優しいものになってくるでしょう。

未来意識から生まれてきた、優しい子供たちが、「みんなを助けたい。痛みのない病院をつくるんだ」と語ってくれています。病気のない地球までの移行を担う魂たちが舞い降りてくるとは、なんて頼もしいことでしょうね。
私は、その優しさに新たな時代の希望を、今日も見出しているのです。
未来の子供達もどうか、いのちいっぱいあたたかく、お幸せでありますように。

エピローグ～あなたの幸せは地球を進化させる優しい力です

人は皆、心の深い場所にあたたかく感じる、陽だまりの場所を持っています。

そこは、あなたと宇宙が直接つながっている場所です。

その内なる場所からは、エネルギーが尽きることなく流れていて、心があたたかいほどにそこを入口として、グレース（神の恩寵《おんちょう》）が流れるようになっています。


聖母は教えてくれました。

源につながる心あたたまる生き方を・・・。

そして「進化」こそ、私たちの本来の仕事だということを・・・。


愛に向かうあたたかい在り方を思い出すと、私たちの暮らしは進化成長し、枠を超えて拡大し、繁栄をもたらします。

進化とは、あなたの今の自己否定が優しく溶けていくことです。

暮らしの中の愛が見えなかった領域に、あたたかい愛が増えていくことです。

人生が明るくなることです。

進化こそ、いのちのための優しい仕事なのですね。

聖母が伝える優しい生き方は、あなたが優しくなっていくばかりではありません。

あなたが内なるあたたかい場所につながった生き方を見つけると、あなたとつながる人々も、猫も、犬も、あなたの家の窓辺のお花さえも、光り出し、輝き出し、幸せになってゆきます。


いのちは関わり合い、つながっていますから、いのちからみずみずしく湧く愛のエネルギーは伝播してゆくのです。

あなたが自分を愛することは、世界を愛することです。

あなたが自分を解放することは、世界に自由を伝えることです。

源につながる響きは、集合意識に美しい影響力を優しく広げてゆきます。

例えばこの地球の上で、たった一人でも心のあたたかいところ（内なる神）につながって生きる生き方を始めたなら、それは地球の集合意識に、美しい進化と共鳴をもたらすことなのです。

その真心があたたかければあたたかいほど、あなたの生き方から生まれる波動は、宇宙までも響き、宇宙の同胞たちの胸をもあたたかく震わせます。

いのちって素晴らしいですね。


あなたの幸せは、この惑星をさらに進化させる優しい力になるのです。

だからどうか遠慮なく、さらにお幸せになってくださいね。

どうかさらにお幸せに、あたたかい愛の光があなたと共にありますように。


あなたの笑顔に胸をあたためながら筆をおきます。

ありがとうございました。

姫乃宮亜美

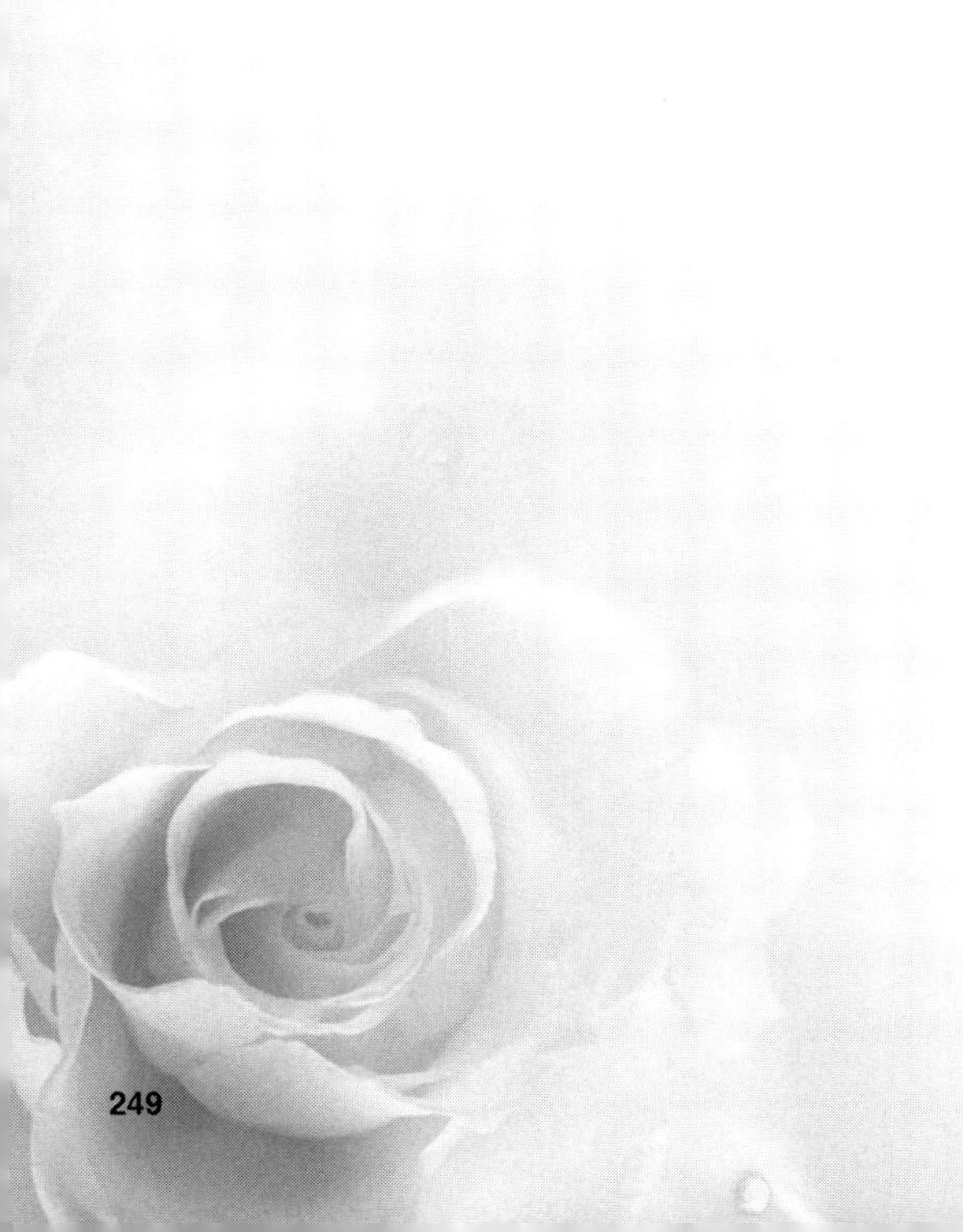

bio
books

世界初の「ヒーリングファンタジー」

光の記憶がよみがえる遥かなる魂の旋律

レムリアの子守唄

レディ・マグダレン 著　1,500 円＋税

悠久の昔に一人ひとりが設定した魂の暗号、その封印がいま解かれる。あなたの心に光の記憶が甦り、今生での約束を思い出すレムリア文明発祥の物語。読みながら魂の癒しと浄化、意識の変容と成長がうながされる多次元宇宙の愛のストーリーです。

聖母意識～女神の時代の懐かしい生き方～

2018年7月30日　初版発行

著　者　姫乃宮 亜美
発行人　西 宏祐
発行所　株式会社ビオ・マガジン
〒141-0031　東京都品川区西五反田8-11-21
五反田TRビル1F
電話：03-5436-9204　FAX：03-5436-9209
http://biomagazine.co.jp/

編集協力　中野 洋子
装丁/本文デザイン/DTP　堀江 侑司

印刷所 株式会社 シナノ

ISBN978-4-86588-029-8